B. TIMMERMANN

Die Begräbnisstätten der Habsburger in Wien

DIE KAISERGRUFT UND ANDERE

modulverlag

Brigitte Timmermann

Studium der Geschichte und Anglistik an der Universität Wien. Lehramt und Doktorat. Mehrjährige Tätigkeit an einem Wiener Gymnasium. Heute neben der Familie als staatlich geprüfte Fremdenführerin und Lehrbeauftragte in der Erwachsenenbildung tätig.

Die Deutsche Bibliothek – CIP-Einheitsaufnahme:
Die **Begräbnisstätten der Habsburger in Wien** : die Kaisergruft und andere / B. Timmermann. [Hrsg. von Berthold Schwanzer]. - Wien : Modulverl., 1996
ISBN 3-900507-07-4
NE: Timmermann, Brigitte; Schwanzer, Berthold [Hrsg.]

Gestaltung: Klaus Rubik
Titelfoto: Rudolf Haberl
Fotos und Abbildungen: siehe Bildnachweis
Lithos: Josef Raganitsch Ges.m.b.H., A-1070 Wien
Druck: U-Print, Josef J. Ungersböck, A-1070 Wien
modulverlag Ges.m.b.H.
A-1010 Wien, Mahlerstraße 3,
Tel. (+43-1) 512 98 92, Fax: (+43-1) 512 98 93

Die Begräbnisstätten der Habsburger in Wien

DIE KAISERGRUFT UND ANDERE

Wien 1996

KAISERGRUFT:

Kapuzinerkloster, 1010 Wien, Tegetthoffstraße 2
Telefon 512 68 53/12
täglich geöffnet von 9.30 – 16.00 Uhr, keine Führungen.

HERZGRUFT:

St. Augustin, 1010 Wien, Josefsplatz, Telefon 533 70 99/0
Voraussichtlich bis 1998 wegen Renovierung geschlossen.

HERZOGSGRUFT UND KATAKOMBEN:

St. Stephan, 1010 Wien, Stephansplatz
(Abgang zur Gruftführung im Kircheninneren,
linkes vorderes Seitenschiff)
Telefon 515 52/526
Führungen täglich zwischen 10.00 und 11.30 Uhr und
zwischen 14.00 und 16.30 Uhr,
für Gruppen gegen Voranmeldung.

LUTHERISCHE STADTKIRCHE (ehemalige Königinklosterkirche):

1010 Wien, Dorotheergasse 18, Telefon 512 83 92
Die Kirche ist generell geschlossen,
Besichtigung nur nach Sonntagsgottesdienst oder
gegen Voranmeldung in der Kanzlei möglich.
Die Gruft existiert nicht mehr.

DOMINIKANERKIRCHE:

1010 Wien, Postgasse 4, Telefon 512 43 32
Die Kirche ist generell zugänglich, jedoch nicht die Gruft.

MINORITENKIRCHE MARIA SCHNEE:

1010 Wien, Minoritenplatz
Die Kirche ist generell zugänglich,
die Gruft existiert nicht mehr.

SALESIANERINNENKIRCHE:

1030 Wien, Rennweg 10, Telefon 798 71 26
Die Kirche ist generell zugänglich,
die Gruft liegt in der Klausur und ist daher unzugänglich.

SIEBENBÜCHNERINNENKLOSTER:

existiert nicht mehr, es befand sich auf dem Areal
1010 Wien, Morzinplatz - Marc Aurelstraße - Judengasse
(in unmittelbarer Nähe der Ruprechtskirche).

In letzter Zeit hat eine ganze Reihe von erstklassigen Werken sowohl über das Haus Habsburg als auch über die Kapuzinergruft (z.B. die „Kaisergruft bei den Kapuzinern") die Austriaca- und Viennensia-Abteilungen der Buchgeschäfte bereichert. Was aber zu fehlen schien, war ein handlicher aktueller Führer im Taschenbuchformat, der einerseits alle, auch die bereits aufgelassenen, Begräbnisstätten des Kaiserhauses in Wien umfaßt, andererseits diese aber nicht bloß in der Art eines Kurzführers beschreibt, sondern sie auch durch illustrierende Kurzbiographien und Querverweise zu diversen Sammlungen und Sehenswürdigkeiten in die mit dem Kaiserhaus untrennbar verbundene Geschichte Österreichs und der Stadt Wien einbindet. Eine Vielzahl von großteils farbigen Fotos sowie alte Stiche, Karten, Lagepläne, Auszüge aus Stammtafeln und praktische Hinweise sollen dem Leser helfen, sich in der Fülle der Informationen zurechtzufinden. Der Schwerpunkt des vorliegenden Führers liegt bei der Kaisergruft als wichtigster Begräbnisstätte (Erz- oder Erbbegräbnis) des Hauses Habsburg in Österreich. Die Beschreibung der einzelnen Särge erfolgt nicht nach der Reihenfolge der Aufstellung, sondern nach den Kriterien der Familienzusammengehörigkeit.

Stammbäume und ein alphabetisches Verzeichnis aller in Wien beigesetzten Habsburger im Anhang sollen den Überblick zusätzlich erleichtern. Weiters wird der Führer durch ein Glossar von Fachausdrücken, praktische Hinweise auf Besichtigungsmöglichkeiten und Öffnungszeiten, eine Literaturübersicht sowie ein Verzeichnis anderer Begräbnisstätten von Habsburgern im In- und Ausland ergänzt.

Gelegentliche Variationen in der Schreibweise von Eigennamen ergeben sich aus dem multinationalen Charakter des Kaiserhauses, bzw. aus der Differenz zwischen der jeweiligen Umgangssprache bei Hof und der lateinischen Sprache, in der die Eintragungen in die Totenbücher oder die Beschriftungen von Särgen und Urnen vorgenommen wurden. Generell orientiert sich die Namensschreibung an der häufigst vorgefundenen Form und wurde nach Möglichkeit vereinheitlicht.

Alle Informationen sind sorgfältig recherchiert und überprüft worden, erfolgen aber ohne Gewähr.

Historischer Lageplan der kaiserlichen Begräbnisstätten vor der Klosteraufhebung durch Kaiser Josef II., 1782

8
Fleischmarkt
Hoher Markt
4
2
1
Neuer Markt
7
3
Bürgerspital
5
Rennweg

Lageplan der kaiserlichen Begräbnisstätten in Wien.

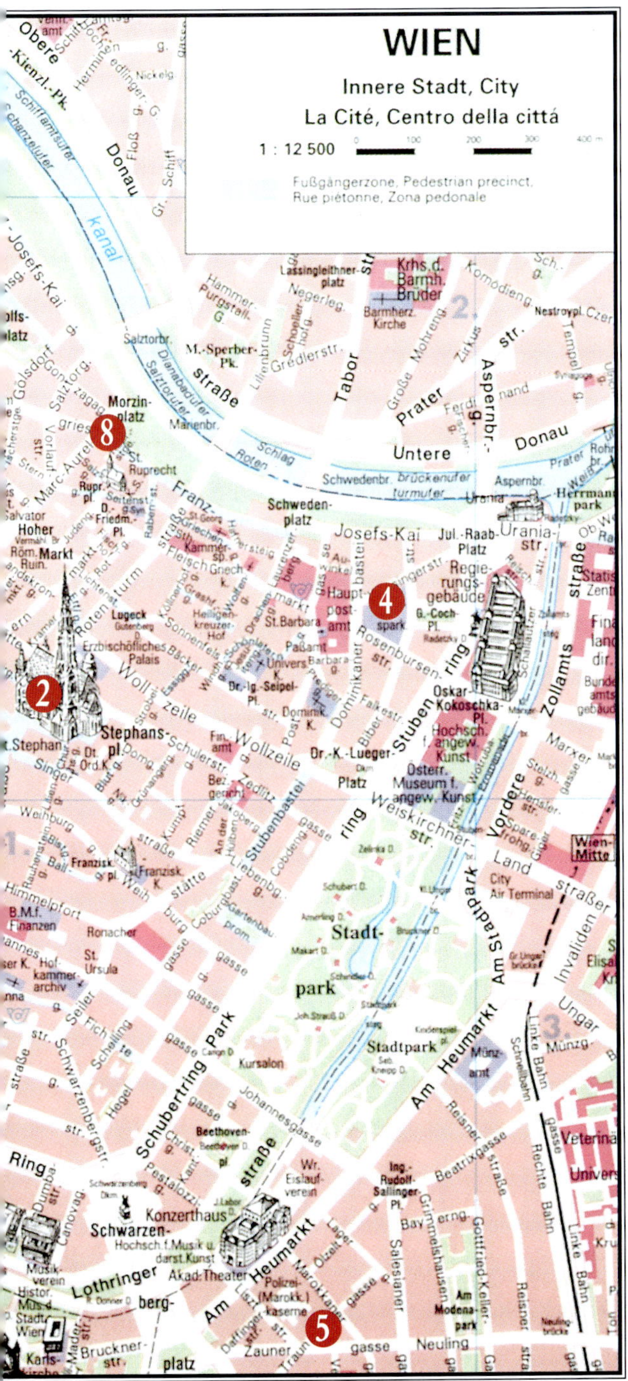
WIEN
Innere Stadt, City
La Cité, Centro della cittá
1 : 12 500
Fußgängerzone, Pedestrian precinct,
Rue piétonne, Zona pedonale
Obere
Donau
kanal
Josefs-Kai
Morzin-
platz
St.
Ruprecht
Salztorbr.
M.-Sperber-
Pk.
straße
Marienbr.
Lassingleithner-
platz
Krhs.d.
Barmh.
Brüder
Barmherz.
Kirche
Tabor
Prater
Aspernbr.-
g.
Untere
Donau
Schwedenbr.
Aspernbr.
Herrmann
park
Schweden-
platz
Josefs-Kai
Jul.-Raab-
Platz
Urania-
str.
Regie-
rungs-
gebäude
Haupt-
post-
amt
Hoher
Röm. Markt
Ruin.
Lugeck
Erzbischöfliches
Palais
Rotenturm
Wollzeile
Stephans-
pl.
Dr.-Ig.-Seipel-
Pl.
Dominik.
K.
Dr.-K.-Lueger-
Platz
Stubenring
Oskar-
Kokoschka-
Pl.
Hochsch.
angew.
Kunst
Österr.
Museum f.
angew. Kunst
Weiskirchner-
str.
Zollamts
straße
Vordere
Zollamts
Marxer
Wien-
Mitte
Land
straßer
City
Air Terminal
Franzisk.
K.
Himmelpfort
B.M.f.
Finanzen
Ronacher
St.
Ursula
Hof-
kammer-
archiv
Stadt-
park
Stadtpark
Kursalon
Am Stadtpark
Am Heumarkt
Münz-
amt
Ungar
Schubertring
Johannesgasse
Beethoven-
pl.
Wr.
Eislauf-
verein
Ing.-
Rudolf-
Sallinger-
Pl.
Beatrixgasse
Ring
Konzerthaus
Schwarzen-
berg-
Hochsch.f.Musik u.
darst.Kunst
Akad.Theater
Lothringer
Musik-
verein
Polizei-
(Marokk.)
kaserne
Bruckner-
str.
platz
Zauner
gasse
Neuling
Salesianer
Rechte Bahn
Linke Bahn
Veterinä
Univers

Die Bedeutung der Kaisergruft als Spiegelbild österreichischer und europäischer Geschichte unter dem Hause Habsburg

Vor fast 400 Jahren ist der Grundstein zur Kaisergruft bei den Kapuzinern gelegt worden. Damals wie heute ist sie nicht nur mit der Geschichte Österreichs, sondern auch auf das engste mit der Geschichte des Abendlandes verbunden. Ein halbes Jahrtausend stand das Haus Habsburg an der Spitze des Heiligen Römischen Reiches deutscher Nation. Sein Einfluß reichte bis in die Niederlande, Spanien und Italien; fast 400 Jahre regierte das Haus Habsburg auch in Böhmen und Ungarn. Viele der in der Kaisergruft Bestatteten haben ein Stück politischer, sozialer, kultureller, wie auch wirtschaftlicher Geschichte Europas, ja sogar außereuropäischer Länder, verkörpert und über Jahrzehnte und Jahrhunderte hinaus geprägt. Das „Erbbegräbnis" des Hauses Habsburg ist damit weit mehr als nur ein Ort der Totenruhe, es ist ein **Spiegelbild österreichischer und europäischer Geschichte.** Besucher sowohl aus dem In- als auch aus dem Ausland finden hier ein Stück ihrer eigenen Geschichte.

Das Haus Habsburg

Der Aufstieg zu einer der mächtigsten Dynastien Europas begann 1273 mit der Wahl **Rudolf von Habsburgs** zum deutschen König. Von seinen Stammlanden um Bodensee und Oberrhein stieß er energisch nach Osten vor, wo er auf einen mächtigen Widersacher stieß: König Ottokar II. von Böhmen. Dieser hatte zwischen Ostsee und Adria ein Großeich aufgebaut, zu dem auch die Besitzungen der 1246 ausgestorbenen Babenberger gehörten, also weite Teile im Osten des heutigen Österreichs. 1278 entschied die Schlacht auf dem Marchfeld nördlich von Wien den weiteren Verlauf der europäischen Geschichte: Der ehrgeizige Ottokar verlor sein Leben, die österreichischen Länder gingen endgültig in den Besitz Habsburgs über.

Als einer der ambitioniertesten Machtpolitiker erwies sich **Herzog Rudolf IV. der Stifter** (1362–1365), der nicht nur für Österreich eine Sonderstellung innerhalb des Reiches, sondern für sich auch die deutsche Königswürde anstrebte. Aber erst mit seinem Großneffen **Albrecht II.** (1438–1439) erlangte wieder ein Habsburger die deutsche Königswürde, vorübergehend sogar die Krone Böhmens und Ungarns. Mit **Friedrich III.** (1452–1493) wurde der erste Habsburger Kaiser des Heiligen Römischen Reiches, eine Würde, die mit einer einzigen kurzen Unterbrechung bis 1806 beim Hause Habsburg bzw. Habsburg-Lothringen verblieb.

Kluge dynastische Verbindungen in den folgenden Jahrhunderten brachten das Erzhaus in den Besitz Burgunds und damit der Niederlande, bald darauf Spaniens und seiner Kolonien. **Karl V.** wurde als römisch-deutscher Kaiser und als König von Spanien Herrscher über ein Reich, „in dem die Sonne niemals unterging". Das „Haus Österreich" stieg zum mächtigsten Geschlecht Europas auf. 1526 gelangte es in den Besitz Ungarns und Böhmens. Auch wenn Türkenbedrohung und Glaubenskriege in der Folgezeit seine Grundfesten erschütterten und letztendlich auch Spanien verlorenging, behauptete Österreich sich als europäische Großmacht.

Mit dem Tod **Karl VI.** starben allerdings die Habsburger 1740 im Mannesstamme aus. Während in den sogenannten „Erblanden" die Nachfolge seiner ältesten Tochter **Maria Theresia** durch die „Pragmatische Sanktion", einem Staatsgrundgesetz Karls VI. aus dem Jahre 1713, mehr oder weniger gesichert war, blieb die Krone des „Heiligen Römischen Reiches deutscher Nation" für sie als Frau unerreichbar. Der frühe Tod des Wittelsbachers Albrecht VII. 1745 öffnete jedoch den Weg für die Wahl ihres Gatten **Franz Stefan von Lothringen** zum Kaiser (Franz I. 1745–65). Die eigentliche politische Macht konzentrierte sich aber in der Hand Maria Theresias. Bereits 1740 war sie im Martinsdom zu Preßburg (slov. Bratislava, ung. Pozsony) zum König von Ungarn und 1743 im Veitsdom zu Prag zur regierenden Königin von Böhmen gekrönt worden. Eine große Nachkommenschaft von 16 Kindern sicherte den Bestand der Dynastie. 1806 löste ihr Enkel **Kaiser Franz II.** das Heilige Römische Reich auf, nachdem er zwei Jahre vorher den Titel eines erblichen „Kaisers von Österreich" angenommen hatte (als Kaiser von Österreich: Franz I.). Damit wurde eine vom Deutschen Reich unabhängige Entwicklung Österreichs eingeleitet und durch die Niederlage von Königgrätz 1866 mit dem Ausscheiden aus dem Deutschen Bund endgültig vollzogen. 1848 dankte Kaiser Ferdinand „der Gütige" zugunsten seines Neffen **Franz Josef** ab.

Kaiserin – Königin Maria Theresia (1740-1780) eine der hervorragensten Herrscherpersönlichkeiten aus dem Hause Habsburg.

68 Jahre lang prägte dieser die Geschicke Österreichs. Nationale Spannungen in allen Reichsteilen und ein starres Festhalten an einer zentralistischen und vorerst auch absolutistischen Regierungsform führten zu unlösbaren Konflikten, die auch

durch die Einführung einer Verfassung und die Umwandlung des Kaiserreiches Österreich in die österreichisch-ungarische Doppelmonarchie mit zwei fast vollständig voneinander unabhängigen Reichsteilen nicht gelöst werden konnten. Soziale und politische Umwälzungen im Inneren und das gespannte Verhältnis zu Rußland führten unmittelbar in den Ersten Weltkrieg und damit zum Untergang der Monarchie und dem Zerfall des Vielvölkerstaates.

Die dynastische Grablege: Totenruhe und Staatsrepräsentation

Schon im Frühmittelalter hatte es sich eingebürgert, regierende Landesfürsten in Pfalzkirchen oder Hausklöstern zu begraben, so z.B. Karl den Großen im Dom zu Aachen oder den österreichischen Markgrafen Leopold III. in dem von ihm gegründeten Stift Klosterneuburg bei Wien. Was für die Wittelsbacher die Marienkirche zu München, für die französischen Könige Sainte Chapelle auf der Île de France, für die englischen Könige Westminster Abbey und für die spanischen Habsburger der Escorial, das sollte für die österreichischen Habsburger die Kaisergruft bei den Kapuzinern in Wien werden.

Bei der Wahl des Beisetzungsortes auf geheiligtem Boden waren religiöse wie auch politische Gründe ausschlaggebend. Neben dem Bedürfnis, eine dauerhafte und durch den Frieden des Gotteshauses geschützte Begräbnisstätte zu finden, sollte mit einer dynastischen Grablege garantieren werden, daß das Herrscherhaus den Lebenden gegenwärtig blieb und in ihre Gebetsgemeinschaft miteinbezogen wurde, um ein Teil des staatlichen Selbstverständnisses zu werden und eine staatstragende Rolle zu erhalten. So sollte der Ruhm der Vorfahren auch auf die lebenden Mitglieder der Dynastie und deren Untertanen ausstrahlen. Die fürstliche Repräsentation „im Tode“ wurde durch die Aufbewahrung kostbarer Reliquien gesteigert und durch eine Reihe von Stiftungen untermauert.

Die Tradition der getrennten Körper-, Herz- und Intestinabestattung des Wiener Hofes

Bis 1878 wurden in der Kaisergruft mit wenigen Ausnahmen nur die einbalsamierten Körper der Verstorbenen beigesetzt, nicht aber ihre Herzen und Intestina (Eingeweide). Diese in der kaiserlichen Familie ab dem 17. Jahrhundert allgemein übliche Beisetzung an drei verschiedenen Orten geht auf die **testamentarische Verfügung Ferdinands IV.**, des frühverstorbenen Bruders Kaiser Leopolds I., aus dem Jahre 1654 zurück, der sein Herz „zu Füßen Unserer Lieben Frau von Loreto“ in der Hofpfarrkirche St. Augustin beigesetzt wissen wollte. Dieser Wunsch entsprach der damals in den österreichischen Ländern und vor allem bei Hof weitverbreiteten barocken Frömmigkeit, in die auch das Totengedenken eines Herrschers miteinbezogen war, und dem heute kaum mehr nachvollziehbaren Reliquienverständnis eines sakrosankten Kaisertums. Ein weiterer Grund für eine Beisetzung an verschiedenen Orten war das Bedürfnis, eine bestimmte Kirche oder einen dem Kaiserhaus nahestehenden religiösen Orden auszuzeichnen, dessen Bedeutung dadurch über alle Maßen gesteigert wurde. So sollten „drei Kirchen am Leichnam eines regierenden Herrn Anteil haben“: die von Kaiserin Anna so geschätzte **Kapuzinerkirche**, die damit gleichsam in den Rang einer Hofkirche erhoben wurde, das Marienheiligtum in der Loretokapelle der **Hofpfarrkirche St. Augustin** und der **Dom zu St. Stephan.**

Verschied ein Mitglied des Kaiserhauses, erfolgte in der Regel nur wenige Stunden nach Eintritt des Todes die Sezierung des Leichnams durch den Hofmedicus und die Entfernung der inneren Organe wie Herz und Eingeweide, oft auch des Gehirns, der Zunge und der Augen. Die anschließende **Einbalsamierung** mit „kostbaren Ingredienzien“ wie Kräutern, Ölen und Bienenwachs, nach heutigen Erkenntnissen sehr primitiv, war damals eine naturgegebene Notwendigkeit, sollte doch der natürliche Verfallsprozeß zumindest über die mehrere Tage andauernden Trauerfeierlichkeiten verhindert bzw. verzögert werden, und der Verstorbene bei der öffentlichen Aufbahrung auf dem sogenannten „Paradebett“ so wirklichkeitsgetreu und pietätvoll wie möglich präsentiert werden.

Kapuzinerkirche und Kloster am Neuen Markt nach einem Stich aus dem 18. Jhdt.

Die dem Körper entnommenen Organe wurden dann in separaten Gefäßen an getrennten Orten beigesetzt: die Herzen in „silbernen Bechern“ in der Loretokapelle der Hofpfarrkirche und die Intestina in kupfernen Urnen in der alten Herzogsgruft zu St. Stephan. Abweichungen von diesem Brauch, der bis zum Ableben von Ezh. Franz Karl, dem Vater Kaiser Franz Josefs, im Jahre 1878 als Teil des habsburgischen Begräbniszeremoniells gepflegt wurde, gab es in mehreren Fällen.

1. DIE KAISERGRUFT BEI DEN KAPUZINERN

„Kapuzinergruft"

Der Neue Markt vor der Gründung des Kapuzinerklosters.

Geschichte von Kloster und Gruft

Die überaus fromme **Kaiserin Anna** wünschte die von ihr sehr geschätzten Kapuzinerprediger auch in Wien anzusiedeln und stiftete ihnen im Jahr 1617 innerhalb der Stadtmauern Wiens Kirche und Kloster. Damit schuf sie für sich und ihren Gemahl **Kaiser Matthias** eine würdige Begräbnisstätte. Das dazu erforderliche Grundstück erwarb der Kaiser zwischen dem heutigen Neuen Markt (dem damaligen Mehlmarkt) und der Spiegelgasse, auf dem sich drei alte Höfe mit dem kaiserlichen Hofstall befanden. Die für den Bau notwendigen Mittel von 22.000 Gulden stellte die Kaiserin zur Verfügung. Kaum ein Jahr später starb das Stifterpaar völlig unerwartet kurz hintereinander und wurde vorübergehend im Königinkloster in der Dorotheergasse (s. Aufgelassene Begräbnisstätten S. 207) beigesetzt. Erst 1622 erfolgte in Anwesenheit Kaiser Ferdinands II., des gesamten Hofstaates und hoher geistlicher Würdenträger die **feierliche Grundsteinlegung des Kapuzinerklosters.** Der Bau schritt durch die Wirren des Dreißigjährigen Krieges nur schleppend voran. Erst am 25. Juli 1632 wurde die Kirche geweiht, 1633 konnte die feierliche Überführung der Stiftersärge aus ihrem provisorischen Beisetzungsort in die unter der Kaiserkapelle der Kapuzinergruft fertiggestellten Gruft erfolgen. Noch war von einer kaiserlichen Familienbegräbnisstätte nicht die Rede. Die Gruft war klein und nur für die Särge von Matthias und Anna bestimmt. Außerdem hatte sich der Nachfolger des kinderlos gebliebenen Matthias, Ferdinand II., in seiner Geburtsstadt Graz neben dem Dom ein prächtiges Mausoleum errichten lassen.

Erst sein Sohn **Ferdinand III.** griff wieder auf die kaiserliche Gruft bei den Kapuzinern zurück und bestimmte die Klostergruft zu seiner eigenen Grablege. Als er bald darauf verschied und sein Sarg quer über die anderen gestellt werden mußte, verfügte sein Sohn und Nachfolger **Leopold I.** unmittelbar nach Abschluß der Trauerfeierlichkeiten die sofortige Erweiterung der Begräbnisstiftung Annas und Matthias' zu einer repräsentativen Familienbegräbnisstätte des kaiserlichen Hauses Österreichs, zu einem SEPULTURA AUGUSTISSIMAE DOMUS AUSTRIACAE.

Der erste Erweiterungsbau umfaßte die heutige Leopoldsgruft. Durch Zubauten unter Leopolds Söhnen **Josef I.** und **Karl VI.** dehnte sich die Kaisergruft mit der Karlsgruft bald unter der gesamten Kirche und dem Mönchschor aus.

Wenige Jahre nach ihrem Regierungsantritt gab **Kaiserin Maria Theresia** Weisung, die Gruft abermals zu erweitern, diesmal über die Kirche hinaus bis unter den Klostergarten. Diese prächtige Maria Theresia-Gruft wurde 1753 unter der Leitung der Baumeister Jean Jadot de Ville-Issey und Nicolaus Pacassi errichtet und mit Fresken geschmückt.

1787, sieben Jahre nach dem Tod seiner Mutter, veranlaßte **Josef II.** die Schließung der Gruft. Den vom Kloster hinabführenden Zugang ließ er vermauern und die von der Kirche in die Gruft führende Stiege mit trockenen Ziegeln verlegen, um weiterhin zwar Begräbnisse, nicht aber Gruftbesuche zu ermöglichen. Den Gruftaltar, an dem täglich zahlreiche Messen gelesen wurden, ließ er abtragen und in der Kirche gegenüber der Kaiserkapelle aufstellen. Erst 1824 erfolgte eine neuerliche Vergrößerung des kaiserlichen „Erbbegräbnisses" unter dem Sakristeigarten durch die Franzensgruft, der sich bald, bedingt durch die zahlreiche Nachkommenschaft Leopolds II., die Ferdinands- und Toskanagruft anschließen sollten.

Anläßlich seines 60-jährigen Regierungsjubiläums ließ Kaiser **Franz Josef** die Gruft um zwei weitere Räume, die Franz Josefs-Gruft und die Gruftkapelle, erweitern. Ihr endgültiges Aussehen erhielt die Anlage mit der in den Jahren 1960–62 erfolgten Errichtung der Neuen Gruft nach Plänen von Architekt Karl Schwanzer.

Die Kapuzinerkirche „Zur heiligen Maria zu den Engeln“ mit Kaiserkapelle und Kreuzkapelle

Mit dem von Kaiserin Anna 1617 gestifteten Bau des Kapuzinerklosters hatte der heutige Neue Markt an seiner Westflanke einen neuen Blickpunkt bekommen: eine Kirche, die sich durch ihre schlichte Giebelfassade merklich von den Adels- und Bürgerhäusern in der näheren Umgebung unterschied.

Die Kapuzinerkirche mit rekonstruierter Fassade aus dem Jahr 1936 und Fresko von Hans Fischer.

Ihr einziger Schmuck bestand aus dem Ordensemblem der Kapuziner. Die heutige **Kirche** ist das Ergebnis zahlreicher Umbauten, vor allem an der Fassade, die 1935/36 in Anlehnung an alte Ansichten rekonstruiert und mit einem Fresko von Hans Fischer versehen wurde. Allein der Portalvorbau stammt noch aus dem Jahre 1760. Betritt man die Kirche, besticht auch sie sowohl in ihrer Raumgestaltung als auch in der Einrichtung durch ihre Schlichtheit, womit sie ganz den Baugewohnheiten der Kapuziner entspricht. Sie besteht aus einem einschiffigen, tonnengewölbten Kirchenschiff mit je einer seitlich angefügten Kapelle.

An die linke Seite des Langhauses schließt der quadratische Raum der **Kaiserkapelle** an. Der gegenwärtige Altar stammt aus der Zeit Maria Theresias (1751). Seine Mitte beherrscht das in einen reichen Silberrahmen gefaßte Gnadenbild „Maria, Trösterin der Betrübten“, das 1727 aus Italien nach Wien gebracht worden war und sowohl vom Kaiserhaus als auch vom Volk sehr verehrt wurde.

Im Jahr 1784 erfolgte unter Kaiser Josef II. die Aufhebung der Gnadenstätte, heute ist die ehemalige Kaiserkapelle ein schlichter Raum, der kaum mehr etwas von seiner ursprünglichen Bedeutung erahnen läßt.

Pietà von Peter und Paul Strudel, 1712, Teil des ehemaligen Gruftaltares.

Der Kaiserkapelle gegenüber liegt die **Kreuzkapelle.** Ihr Marmoraltar wurde auf Veranlassung von Eleonora Magdalena, Witwe Kaiser Leopolds I., im Jahr 1712 von bedeutenden österreichischen Barockkünstlern für die Kaisergruft angefertigt: Lukas von Hildebrandt schuf den Entwurf für die aus schwarzem Mamor gearbeitete Altarmensa, Peter und Paul Strudel die Pietà mit „Schmerzhafter Muttergottes". Die Figuren sind aus elfenbeinfarbenem Marmor.
Hinter dem Altar befindet sich das Gemälde „Mariä Opferung" von Johann Baumgartner.
Vor dem Altar der Kreuzkapelle weist eine in den Boden eingelassene Platte auf die **Begräbnisstätte des berühmten Kapuzinerpredigers Marco d'Aviano**, den „Schutzgeist Wiens und Österreichs in der Türkennot", hin.

1680 von Papst Innozenz XI. als Missionsprediger nach Linz entsandt, hatte ***Marco d'Aviano*** *die Aufmerksamkeit Leopolds I. erweckt, dem er bald als „Freund und Berater", aber auch als Beichtvater und Ratgeber in religiösen Fragen zur Seite stand. 1682 begann er in Wien zu predigen, 1683 zelebrierte er während der 2. Wiener Türkenbelagerung die berühmt gewordene Messe für die Führer des Entsatzheeres auf dem Leopoldsberg. Während der Türkenfeldzüge weilte er als geistlicher Betreuer ständig beim Heer. Von den Anstrengungen völlig ausgezehrt, kehrte er 1699 nach Wien zurück und starb in Anwesenheit des Kaiserpaares im Kloster. Ursprünglich in der Mönchsgruft unter dem Chor beigesetzt, ruht er jetzt vor dem Pietà Altar. Anläßlich der 250-Jahr Feier der Befreiung Wiens von den Türken wurde zwischen Kirche und Grufteingang am Neuen Markt eine* ***Freiluftkapelle*** *mit einer überlebensgroßen Statue Marco d'Avianos, mit dem Kreuz in der Hand den christlichen Soldaten im Kampf voranstürmend, errichtet.*

Die ehemalige Schatzkammer des Kapuzinerklosters: der „Kapuzinerschatz“

Zur Ausschmückung der Kaiserkapelle und als „reiches Almosen“, ein Zeichen der Wertschätzung des ihr persönlich so nahestehenden Predigerordens und seiner Tätigkeit im Sinne der Gegenreformation, vermachte Kaiserin Anna den Kapuzinern testamentarisch einen Großteil ihrer geistlichen Schätze.
Aber erst durch die Erweiterung der Gruft zur Familienbegräbnisstätte des Kaiserhauses gewann dieser „Schatz bei der Kaisergruft“ besondere Bedeutung: der entfaltete Prunk sollte zwar in erster Linie der Ehre Gottes und seiner Kirche dienen, hob aber gleichzeitig auch das Ansehen des Herrscherhauses in den Augen der Welt und war nicht zuletzt eine Rücklage für Zeiten der Not, die unter den Schutz eines heiligen und daher als relativ sicher geltenden Ortes gestellt wurde. Trotzdem mußte der Schatz zweimal evakuiert werden: 1645 während des Dreißigjährigen Krieges nach Graz, das zweite Mal während der Napoleonischen Besetzung Wiens 1809 nach Ungarn.
Aufgrund des überlieferten Gründungsinventars der Schatzkammer von 1626 – in diesem Jahr war der Bau des Klosters soweit fortgeschritten, daß der Schatz der Kaiserin Anna dort untergebracht werden konnte – umfaßte die Stiftung mehr als 400 Objekte. **1921 wurde dieser „Kapuzinerschatz“ der Geistlichen Schatzkammer in der Hofburg einverleibt** und nach einer umfangreichen Restaurierung der Öffentlichkeit zugänglich gemacht. Der Zusatz „Kap.“ zur Inventarnummer im Katalog der Geistlichen Schatzkammer verrät den ursprünglichen Aufbewahrungsort.

Die Kapuziner als Hüter und Bewahrer der Kaisergruft

Der zu Beginn des 16. Jhdt. gegründete Kapuzinerorden gehört zu den großen Bettelorden, die sich auf die Regel des hl. Franz von Assisi berufen. Ihr Schwerpunkt auf Seelsorge und Predigt prädestinierte sie für die Missionsarbeit der Gegenreformation, was für Kaiserin Anna der Hauptgrund war, den Orden in Wien anzusiedeln. In zweiter Linie stellte sie die Patres in den Dienst des kaiserlichen Totengedächtnisses und der Pflege der für sie und ihren Gemahl bestimmten Grabstätte. Dem jeweiligen an der Spitze des Klosters stehenden Pater Guardian wurden drei Brüder als Grabwächter bzw. Gruftverwalter zur Seite gestellt. Ursprünglich sollte die Klostergemeinde täglich nur am Grab des Stifterpaares beten. Mit der Umwidmung der Gruft in ein „dynastisches Erbbegräbnis“ und der damit verbundenen Vergrößerung wurde die ursprüngliche Stiftung ständig erweitert, sodaß oft über den ganzen Tag verteilt entweder in der Kaiserkapelle oder in der Gruft selbst Messen gelesen wurden. Bei Hofbegräbnissen oblag den Patres die gesamte Organisation und Durchführung. Ein weiterer Aufgabenbereich war die Verwaltung der einzelnen Stiftungen.

Zar Alexander I. am Sarkophag von Kaiser Franz I. (1814).

Die heutige Aufgabe der Kapuziner besteht neben ihrem Ordensauftrag u.a. in der Erhaltung der Gruft, dem Lesen von Gedenkmessen und der Betreuung der Besucher.

Gesellschaft zur Rettung der Kapuzinergruft
Tegetthoffstr. 2, 1010 Wien

Die Kaisergruft als Familiengruft

Im Laufe ihrer Geschichte hat die Gruft bei den Kapuzinern **mit wenigen Ausnahmen nur Mitglieder des Kaiserhauses aufgenommen**. Nicht ebenbürtigen Ehegatten und deren Nachkommen war die Beisetzung in der Kaisergruft grundsätzlich verwehrt, so z.B. der Gemahlin des Thronfolgers Franz Ferdinand und ihren drei Kindern. Das Ausscheiden aus dem Kaiserhaus bedeutete neben dem Verlust der österreichischen Staatszugehörigkeit sowie sämtlicher Titel den Verlust des Beisetzungsrechtes in der Kaisergruft. Nur unter besonderen Umständen war es möglich, daß auch **Nichtfamilienmitglieder** bei den Kapuzinern ihre letzte Ruhestätte fanden, z.B. Prinz Karl von Lothringen [117] oder die Gräfin Karoline Fuchs-Mollardt [41].
Auch nach dem Ende der Monarchie behielt die Kaisergruft ihre Funktion als Familiengruft: Die letzten Beisetzungen waren die von Ezh. Maria Josefa [141] 1944, die von Ezh. Leopold Alphons [91D] 1958 und am 1. April 1989 von Zita [147], der letzten Kaiserin und Königin von Österreich-Ungarn.

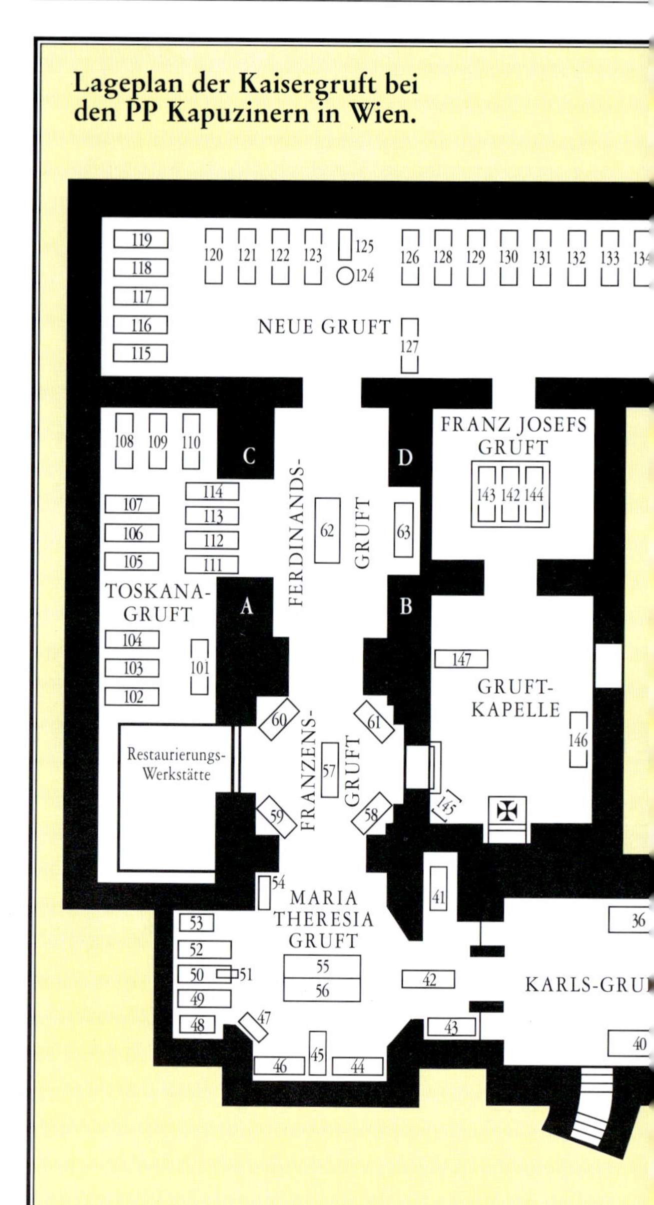
Lageplan der Kaisergruft bei
den PP Kapuzinern in Wien.
NEUE GRUFT
119
118
117
116
115
120
121
122
123
125
124
126
128
129
130
131
132
133
127
FRANZ JOSEFS
GRUFT
143 142 144
108
109
110
C
D
114
113
112
111
107
106
105
FERDINANDS-
GRUFT
62
63
TOSKANA-
GRUFT
A
B
104
103
102
101
147
GRUFT-
KAPELLE
146
Restaurierungs-
Werkstätte
60
61
FRANZENS-
GRUFT
57
59
58
145
54
MARIA
THERESIA
GRUFT
41
36
53
52
50
51
49
48
47
55
56
42
43
46
45
44
40

Stand 1996

Der Eingang zur Kaisergruft bei den Kapuzinern in der Tegetthoffstraße.

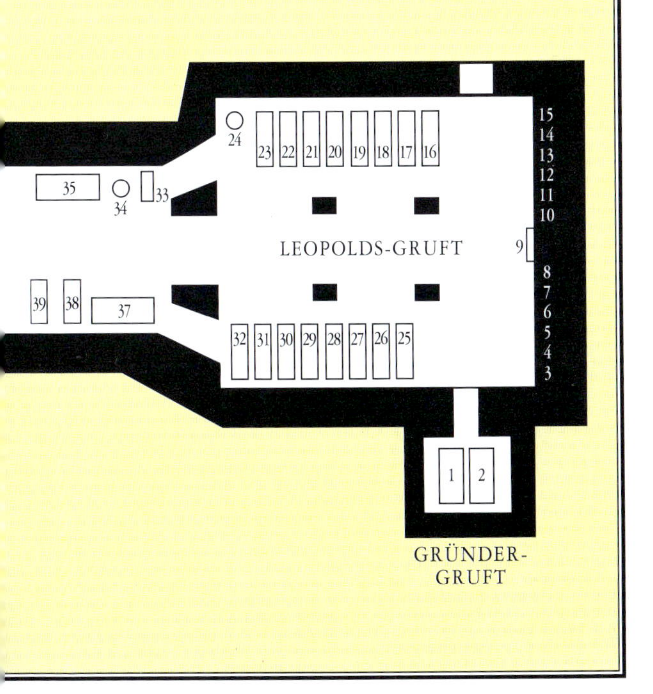

Gründergruft

1 Anna, 1585-1618, Kaiserin, Gemahlin Matthias', Gründerin von Kloster und Gruft
2 Matthias, 1557-1619, Kaiser, Mitbegründer von Kapuzinerkloster und Gruft

Leopoldsgruft

3 Anna Maria Sophia, 1674-1674
4 Ferdinand Josef, 1657-1658
5 Ferdinand Wenzel, 1667-1668
6 Johann Leopold, 1670-1670
7 Maria Anna, 1672-1672
8 Maria Josefa, 1675-1676
9 Maria Anna, 1683-1754, Königin, Herzurne, Leichnam ruht in Lissabon
10 Maria Margareta, 1690-1691
11 Maximilian Thomas, 1638-1639
12 Philip August, 1637-1639
13 Christine, 1679-1679
14 Theresia Maria, 1652-1653
15 Unbenannter Sohn, 1686-1686
16 Maria Josefa, 1687-1703
17 Maria Anna Josefa, 1654-1689
18 Eleonora Maria, 1653-1697, Tochter Ferdinands III., Gemahlin Michaels, König von Polen
19 Eleonora Gonzaga, 1629-1686, Kaiserin, dritte Gemahlin Ferdinands III.
20 Margareta Theresia, 1651-1673, Kaiserin, erste Gemahlin Leopolds I.
21 Maria Leopoldine, 1632-1649, Kaiserin, zweite Gemahlin Ferdinands III.
22 Maria Anna, 1606-1646, Kaiserin, erste Gemahlin Ferdinands III. und Tochter Maria.
23 Maria Amalia, 1724-1730
24 Claudia Felix, 1653-1676, Kaiserin, zweite Gemahlin Leopolds I., Herzurne
25 Maria Theresia, 1684-1696
26 Leopold Joseph, 1682-1684
27 Ferdinand III., 1608-1657, Kaiser; machte die kaiserliche Begräbnisstätte unter der Kapuzinerkirche zum habsburgischen Erbbegräbnis
28 Maria Antonia, 1669-1692
29 Ferdinand IV., 1633-1654, römischer König, Sohn Ferdinands III.
30 Leopold, 1716-1716, einziger Sohn Karls VI.; sein Tod war Anlaß für ein neues Familienerbgesetz, die "Pragmatische Sanktion"
31 Maria Magdalena, 1689-1743
32 Eleonora Magdalena, 1655-1720, Kaiserin, dritte Gemahlin Leopolds I.

Karlsgruft

33 Leopold Josef, 1700-1701
34 Amalia Wilhelmina, 1673-1742, Kaiserin, Herzurne, Gemahlin Josefs I.
35 Josef I., 1678-1711, Kaiser, Sohn Leopolds I.
36 Elisabeth Christine, 1691-1750, Kaiserin, Gemahlin Karls VI.
37 Leopold I., 1640-1705, Kaiser, Sohn Ferdinands III.
38 Maria Elisabeth, 1680-1741
39 Maria Anna, 1718-1744
40 Karl VI., 1685-1740, Kaiser, Sohn Leopolds I., Vater Maria Theresias

Maria-Theresia-Gruft

41 Karoline Fuchs-Mollard, 1675-1754, Gräfin, Erzieherin und Hofdame der Kaiserin Maria Theresia, einzige Nichthabsburgerin in der Gruft
42 Josef II., 1741-1790, Kaiser, Sohn der Kaiserin Maria Theresia, Reformkaiser
43 Karolina, 1748-1748, Tochter Maria Theresias
44 Karl Josef, 1745-1761, Sohn Maria Theresias
Johanna Gabriela, 1750-1762, Tochter Maria
45 Theresias
Maria Josefa, 1751-1767, Tochter Maria
46 Theresias
Unbenannte Prinzessin, 1744-1744, Tochter
47 Erzherzogin Maria Annas
Maria Elisabeth, 1737-1740, Tochter Maria
48 Theresias
Maria Josefa, 1739-1767, Kaiserin, zweite
49 Gemahlin Josefs II.
Maria Isabella, 1741-1763, Kronprinzessin,
50 erste Gemahlin Josefs II.
Christina, 1763-1763, ihre Tochter
51 Maria Theresia, 1762-1770, Tochter
52 Josefs II.

53 Maria Karoline, 1740-1741, Tochter Maria Theresias
54 Christina, 1767-1767, Tochter Maria Christinas und Herzog Albert v. Sachsen-Teschen
55 Maria Theresia, 1717-1780, Kaiserin, Mutter von 16 Kindern, sie ruht im Doppelsarkophag mit ihrem Gemahl
56 Franz I. Stefan, 1708-1765, Kaiser, Franz Stefan v. Lothringen, Gemahl Maria Theresias

Franzensgruft

57 Franz II. (I.), 1768-1835, Kaiser, Sohn Leopolds II. Träger der römisch-deutschen Kaiserkrone bis 1806, Kaiser von Österreich ab 1804
58 Maria Ludovica, 1787-1816, Kaiserin, dritte Gemahlin Franz II. (I.)
59 Elisabeth Wilhelmine, 1767-1790, Kronprinzessin, erste Gemahlin Franz II. (I.)
60 Maria Theresia Karoline, 1772-1807, Kaiserin, zweite Gemahlin Franz II. (I.)
61 Karoline Auguste, 1792-1873, Kaiserin, vierte Gemahlin Franz II. (I.)

Ferdinandsgruft

62 Ferdinand I., 1793-1875, Kaiser, Sohn von Franz II. (I.), Kaiser von Österreich, dankt 1848 zugunsten seines Neffen Franz Josef ab
63 Maria Anna, 1803-1884, Kaiserin
64A Alexander Leopold, 1772-1795
65A Maria Amalia, 1780-1798
66A Louise Elisabeth, 1790-1791
67A Maria Eleonore, 1864-1864
68A Franz Josef, 1855-1855
69A Josef Franz, 1799-1807
70A Leopold, 1823-1898
71A Johann Nepomuk Karl, 1805-1809
72A Robert Ferdinand, 1885-1895

73B Maria Antonia, 1858-1883
74B Maria Anna, 1835-1840
75B Maria Karoline, 1821-1844
76B Ferdinand Salvator, 1888-1891
77B Rainer Salvator, 1880-1889
78B Sophie Friederike, 1855-1857
79B Karoline Ferdinanda, 1793-1802
80C Natalie, 1884-1898
81C Stephanie, 1886-1890
82C Maria Anna, 1804-1858
83C Maria Karoline, 1825-1915
84C Louise Maria, 1773-1802, und Sohn
85C Maria Antonia, 1814-1898, Gemahlin Leopolds II., Toskana
86C Maria Anna, 1796-1865
87C Karoline Louise, 1795-1799
88D Albrecht Salvator, 1871-1896
89D Maria Immakulata, 1844-1899
90D Karl Salvator, 1839-1892
91D Leopold M. Alphons, 1897-1958
92D Maria Antonia, 1874-1891
93D Ernst, 1824-1899
94D Adelgunde, 1823-1914
95D Karoline Leopoldine, 1794-1795
96D Amalia Theresia, 1807-1807
97D Henriette Maria, 1884.1886
98D Ludwig Salvator, 1847-1915
99D Maria Theresia, 1855-1944
100D Josef Ferdinand, 1872-1942

Toskanagruft

101 Franz V., 1819-1875, Herzog von Modena
102 Ferdinand Karl, 1781-1850
103 Anton Viktor, 1779-1835, Sohn Leopolds II.
104 Ludwig Josef, 1784-1864, Sohn Leopolds II., führte unter Ferdinand I. die Staatsgeschäfte von 1835-1848
105 Ferdinand Karl von Este, 1754-1806, Sohn Maria Theresias, General-Kapitän der Lombardei
106 Maria Beatrix von Esté, 1750-1829
107 Maria Karoline, 1752-1814, Tochter Maria Theresias, Königin, Gemahlin Ferdinands IV., König beider Sizilien
108 Ferdinand IV., 1835-1908, Großherzog von Toskana
109 Leopold II., 1797-1870, Großherzog von Toskana, 1859 vertrieben
110 Rainer, 1827-1913
111 Albert, 1738-1822, Herzog von Sachsen-Teschen, Gemahl Maria Christines
112 Maria Christine, 1742-1798, Lieblingstochter Maria Theresias
113 Leopold II., 1747-1792, Kaiser, Sohn Maria Theresias, Nachfolger Josefs II.
114 Maria Ludovica, 1745-1792, Kaiserin, Gemahlin Leopolds II.

Neue Gruft

115 Leopold Wilhelm, 1614-1662, Bischof, Gouverneur der Niederlande
116 Karl Josef, 1649-1664, Fürsterzbischof von Olmütz
117 Karl Josef, 1680-1715, Prinz von Lothringen, Fürsterzbischof von Trier
118 Maximilian Franz, 1756-1801, Sohn Maria Theresias, Fürsterzbischof von Köln
119 Rudolf, 1788-1831, Kardinal, Fürsterzbischof von Olmütz
120 Wilhelm, 1827-1894
121 Karl Ferdinand, 1818-1874
122 Karl Ludwig, 1771-1847, Sohn Kaiser Leopolds II., Sieger von Aspern
123 Henriette von Nassau, 1797-1829, Gemahlin Erzherzog Karls
124 Herz- und Eingeweide-Urne: Henriette von Nassau
125 Rudolf Franz, 1822-1822
126 Maximilian von Mexico, 1832-1867, Kaiser, Bruder von Kaiser Franz Josef I., in Queretaro 1867 erschossen
127 Maria Louise, 1791-1847, Kaiserin, Tochter Franz II., (I.), Gemahlin Napoleons
128 Albrecht, 1817-1895, Sohn Karl Ludwigs
129 Hildegard, 1825-1864
130 Mathilde, 1849-1867
131 Karl Albert, 1847-1848
132 Leopold Salvator, 1863-1931
133 Rainer Karl, 1895-1930
134 Margarete Karoline, 1840-1858, erste Gemahlin von Karl Ludwig
135 Franz Karl, 1802-1878, Vater Kaiser Franz Josefs I.
136 Unbenannter Sohn, 1840-1840
137 Sophie Friederike, 1805-1872, Mutter Kaiser Franz Josefs I.
138 Karl Ludwig, 1833-1896, Vater des 1914 in Sarajewo ermordeten Thronfolgers Franz Ferdinand
139 Maria Annunziata, 1843-1871, zweite Gemahlin von Karl Ludwig, Mutter von Franz Ferdinand
140 Otto, 1865-1906, Vater des letzten Kaisers Karl I.
141 Maria Josefa, 1867-1944, Gemahlin von Erzherzog Otto, Mutter von Kaiser Karl I.

Franz-Josefs-Gruft

142 Franz Josef I., 1830-1916, Kaiser
143 Elisabeth, 1837-1898, Kaiserin, Gemahlin Kaiser Franz Josefs
144 Rudolf, 1858-1889, Kronprinz, Sohn Kaiser Franz Josefs und Kaiserin Elisabeths, tragisches Ende in Mayerling

Gruft-Kapelle

145 Gedenkbüste: Karl I., 1887-1922, letzter Kaiser der österreichisch-ungarischen Monarchie
146 Madonnenstandbild von Georg Zala für die ermordete Kaiserin Elisabeth, von den Frauen Ungarns gestiftet, 1899
147 Zita, 1892-1989, letzte Kaiserin der österreichisch-ungarischen Monarchie, Gemahlin Kaiser Karls I.

Vogelperspektive des Neuen Marktes mit der neuerrichteten Anlage des Kapuzinerklosters (17. Jhdt.)

Die Kaiser und Könige

Die Kaisergruft wurde letzte Ruhestätte von insgesamt zwölf Kaisern. Abgesehen von zwei Ausnahmen, Kaiser Ferdinand II. und Kaiser Karl VII. aus dem Hause Wittelsbach, wurden in Wien sämtliche Kaiser des Heiligen Römischen Reiches von Matthias (†1618) bis Franz II./I. (†1835) bestattet, ebenso alle Kaiser von Österreich mit Ausnahme Kaiser Karls (†1922), der im Exil starb. 1867 wurde auch Kaiser Maximilian von Mexiko, ein jüngerer Bruder Kaiser Franz Josefs, in der Gruft bestattet.

[2] **Matthias** (*1557/ Kaiser 1612–1619)
[27] **Ferdinand III.** (*1608/Kaiser 1637–1657)
[29] **Ferdinand IV.** (*1633/röm. König 1653–1654)
[37] **Leopold I.** (*1640/ Kaiser 1658–1705)
[35] **Josef I.** (*1678/Kaiser 1705–1711)
[40] **Karl VI.** (*1685/Kaiser 1711–1740)
[56] **Franz I.** (Franz Stefan von Lothringen) (*1708/ Kaiser 1745–1765)
[42] **Josef II.** (*1741/ Kaiser 1765–1790, Mitregent seiner Mutter Maria Theresia in den österreichischen Erbländern 1765–1780)
[113] **Leopold II.** (*1747/ Kaiser 1790–1792)
[57] **Franz II./I.** (*1768/ als letzter röm.-dt. Kaiser Franz II. 1792–1806, als Franz I. erster Kaiser von Österreich 1804–1835)
[62] **Ferdinand I.** (*1793/ Kaiser 1835–1848, †1875)
[142] **Franz Josef I.** (*1830/ Kaiser 1848–1916)
[126] **Maximilian**, Kaiser von Mexiko (*1832/ Kaiser 1864–1867)

Alle hier angeführten römisch-deutschen und österreichischen Kaiser mit Ausnahme von Franz I. Stefan waren gleichzeitig auch Könige von Ungarn und Könige von Böhmen. Ferdinand IV. [29] starb als römischer König und designierter Nachfolger seines Vaters Ferdinand III.; Kaiser Karl VI. [40] war 1703–1713 auch König von Spanien und Ferdinand I. [62] 1838–1848 auch König des lombardo-venetianischen Königreiches.

Die Kaiserinnen und Königinnen

In der Kaisergruft ruhen die sterblichen Überreste von 18 römisch-deutschen und österreichischen Kaiserinnen, von Claudia Felicitas [24] und Amalia Wilhelmina [34] allerdings nur die Herzen. Sie alle waren auch Königinnen von Ungarn und Böhmen, wobei Maria Theresia als „König von Ungarn“ eine Sonderstellung einnahm. Weiters ruhen in der Gruft Kaiserin Marie Luise [127], 2. Gemahlin von Napoleon I., Elisabeth Christina [36], auch Königin von Spanien; Maria Anna [99], Königin von Portugal; Eleonora Maria [18], Königin von Polen; Maria Karolina [107], Königin von Neapel-Sizilien; und Maria Anna [63], auch Königin von Lombardo-Venetien. Die jeweils ersten Gemahlinnen Kaiser Josefs II. und Kaiser Franz II./ I. starben vor der Kaiserkrönung ihrer Gatten als Kronprinzessinnen. Es waren dies Maria Isabella von Parma [50] und Elisabeth Wilhelmine von Württemberg [59].

[1] **Anna**, Gemahlin von Kaiser Matthias, Gründerin der Gruft (*1585 †1618)

[22] **Maria Anna**, 1. Gemahlin Ferdinands III. (*1606 †1646)

[21] **Maria Leopoldina**, 2. Gemahlin Ferdinands III. (*1632 †1649)

[19] **Eleonora Gonzaga**, 3. Gemahlin Ferdinands III. (*1629 †1686)

[20] **Margareta Theresia**, 1. Gemahlin Leopolds I. (*1651 †1673)

[24] **Claudia Felicitas**, 2. Gemahlin Leopolds I. (*1653 †1676), nur Herz

[32] **Eleonora Magdalena**, 3. Gemahlin Leopolds I. (*1655 †1720)

[34] **Amalia Wilhelmina**, Gemahlin Josefs I. (*1673 †1742), nur Herz

[36] **Elisabeth Christina**, Gemahlin Karls VI. (*1691 †1750)

[49] **Maria Josefa**, 2. Gemahlin Josefs II. (*1739 †1767)

[55] **Maria Theresia**, Gemahlin Franz I. Stefan (*1717 †1780)

[114] **Maria Ludovica**, Gemahlin Leopolds II. (*1745 †1792)

[60] **Maria Theresia Karolina**, 2. Gemahlin Franz II./I. (*1772 †1807)

[58] **Maria Ludovika**, 3. Gemahlin Franz II./I. (*1787 †1816)

[61] **Karolina Augusta**, 4. Gemahlin Franz II./I. (*1792 †1873)

[63] **Maria Anna**, Gemahlin Ferdinands I. (*1803 †1884)

[143] **Elisabeth “Sisi“**, Gemahlin Franz Josefs I. (*1837 †1898)

[147] **Zita**, Gemahlin Karls I. (*1892 †1989)

Die Kinder

Fünfundvierzig der in der Gruft beigesetzten Personen sind Kinder, die vor dem Erreichen des zwölften Lebensjahres starben (ab 12 galt man laut Familiengesetz und Hofprotokoll als erwachsen). Zwölf von ihnen ruhen in den Kolumbarnischen der Leopoldsgruft. Ihre Kindersärge waren im vorigen Jahrhundert bereits in so schlechtem Zustand, daß man sie ungeöffnet in einheitliche Übersärge stellte. Sie sind weder beschriftet noch ist dokumentiert, welches Kind in welchem Sarg liegt.

In der Leopoldsgruft selbst sind vier Kleinkinder beigesetzt, obwohl man augenscheinlich nur zwei Kindersärge antrifft: nämlich die bauchig geschwungenen der beiden jungverstorbenen Kinder Kaiser Karls VI., die von **Leopold Johann** [30] und **Maria Amalia** [23]. Die bei der Geburt verstorbene Tochter Kaiserin Maria Annas ist im Sarg ihrer Mutter bestattet [22] und **Leopold Josef**, ein Sohn von Kaiser Leopold I., ruht in einem Sarg von normaler Größe [26].

Das einzige Kind der Karlsgruft ist der neben der Herzurne seiner Mutter Amalia Wilhelmina beigesetzte Sohn Kaiser Josefs I., **Leopold Josef** [33]. Sechs Kleinkindersärge füllen dagegen die Nischen der Maria Theresia-Gruft. Betritt man die Gruft von der Karlsgruft kommend, steht in der ersten Nische links der besonders zierlich mit Girlanden und Engelsköpfen geschmückte Sarg der siebenten Tochter Maria Theresias, **Maria Karolina** [43], die am Tag ihrer Geburt starb.

Nach drei weiteren, etwas größeren Särgen, in denen schon „erwachsene" Kinder Maria Theresias bestattet liegen, steht der von einem zierlichen Wolkenturm gekrönte Kleinstkindersarg einer Nichte Maria Theresias [47]. An der Stirnseite der Gruft in den Nischen ganz links und ganz rechts liegen zwei weitere Kinder Maria Theresias, ihre im Alter von drei Jahren verstorbene älteste Tochter **Maria Elisabeth** [48] und ihre dritte Tochter **Maria Karolina** [53], die zwei Wochen nach ihrer Geburt 1740 starb. Links davon der künstlerisch wertvollste und berühmteste Kindersarg der gesamten Gruft mit einer lebensgroßen vollplastischen Abbildung der ältesten Tochter Kaiser Josefs II., der 8-jährigen **Maria Theresia** [52]. Ihre kleine, unmittelbar nach der Geburt verstorbene Schwester **Christina** [51] ruht im kleinsten Kindersarg der Kaisergruft zu Füßen ihrer Mutter Maria Isabella von Parma. Im Durchgang zur Franzensgruft liegt die einzige Tochter Maria Christinas und des Herzogs von Sachsen-Teschen [54].

Die meisten Kinder liegen in den Kolumbarien der Ferdinandsgruft.

Die drei Kleinkinder der Neuen Gruft sind Söhne von Ezh. Karl [125], von Ezh. Albrecht [131] und von Ezh. Franz Karl und Sophie von Bayern [136].

Die geistlichen Würdenträger aus dem Hause Habsburg

Seit dem Zubau der Neuen Gruft in den Sechzigerjahren ist es möglich geworden, die ursprünglich vor allem in der Toskana- und Ferdinandsgruft unübersichtlich aufgestellten Sarkophage nach einer gewissen Zusammengehörigkeit zu ordnen. So findet man jetzt an der linken Stirnseite der Neuen Gruft alle fünf in der Kaisergruft beigesetzten geistlichen Würdenträger nebeneinander vereint:

Ezh. Leopold Wilhelm [115], der jüngste Sohn Kaiser Ferdinands II., Bischof von Passau, **Ezh. Karl Josef** [116], ein Bruder Kaiser Leopolds I., Bischof in Passau, Olmütz und Breslau, **Ezh. Maximilian Franz** [118], der jüngste Sohn Maria Theresias, Erzbischof von Köln und Fürstbischof von Münster, **Ezh. Rudolf** [119], der jüngste Sohn Kaiser Leopolds II., Erzbischof und Kardinal von Olmütz.
Der im mittleren und prächtigsten Sarkophag der Reihe liegende **Karl Josef von Lothringen, Fürsterzbischof von Trier** [117], war kein Mitglied des Hauses Habsburg und nur durch seine Mutter Eleonora Maria Josefa [18], einer Tochter Kaiser Ferdinands III., mit diesem verbunden.

Detail vom Sarkophag Karl Josefs von Lothringen.

Die Hoch- und Deutschmeister aus dem Hause Habsburg

Bis auf zwei Ausnahmen, Ezh. Maximilian Josef von Österreich-Este und Ezh. Eugen, sind alle Hochmeister des Deutschen Ritterordens aus dem Hause Habsburg in der Kaisergruft beigesetzt.

Der Deutsche Orden hatte sich während des 3. Kreuzzuges 1193 aus einer ***Spitalsbruderschaft der Bremer und Lübecker Kaufleute*** *für deutsche Kreuzfahrer bei Akkon entwickelt und war wenig später nach dem Vorbild der Templer und Johanniter in einen Ritterorden umgewandelt worden. Nach dem Verlust seiner Positionen im Heiligen Land zog sich der Deutsche Ritterorden nach Europa zurück und faßte vor allem durch seine enge Verbindung zu den Staufern sowohl im Reich selbst als auch in dessen Randgebieten Fuß, wobei an der Ostsee die Kolonisationstätigkeit mit der Staatsgründung Preußens Hand in Hand ging. Die Niederlassungen des Ordens* *reichten bald von Spanien bis Rußland, von Sizilien bis Schweden. In Wien wurden Mitglieder des Deutschen Ordens erstmals 1204 angesiedelt. 1410 stürzte die Niederlage bei Tannenberg gegen Litauen und Polen den Orden in eine tiefe Krise. Er büßte große Teile seines Besitzes ein. Preußen wurde säkularisiert, die verbliebenen Ordensgebiete im Reich in ein geistliches Reichsfürstentum umgewandelt und Mergentheim bei Würzburg in Franken 1526 unter dem Schutz Kaiser Karl V. als Sitz des Hochmeisters festgelegt, der somit mit dem Deutschmeister (dem Vorstand der deutschen Ordensprovinzen) identisch wurde. Es begann sich die Kurzbezeichnung „Hoch- und Deutschmeister" einzubürgern. (Im selben Jahrhundert wurde übrigens auch ein österreichisches Infanterieregiment unter dem Namen „Deutschmeister" gebildet, das eines der Traditionsregimenter der kaiserlichen Armee wurde.)*

Die ersten Hoch- und Deutschmeister aus dem Hause Habsburg waren **Ezh. Leopold Wilhelm** (1641 – 1662) [115], ein Bruder Kaiser Ferdinands III. und **Ezh. Karl Josef** (1662 – 1664) [116], ein Sohn Kaiser Ferdinands III.,der allerdings jung starb.

Neben der prächtige Hofhaltung trugen auch die festlichen Einzüge des letzten in Mergentheim residierenden Hoch- und Deutschmeisters **Ezh. Maximilian Franz** (1780 – 1801) [118], des jüngsten Sohnes Maria Theresias, zum Glanz und Ansehen der Ordensresidenz bei. Obwohl der Orden 1809 von Napoleon I. in den Rheinbund-Staaten aufgelöst wurde, lebte er in Österreich weiter, wo die Würde eines Hoch- und Deutschmeisters im Hause Habsburg erblich wurde.
Ezh. Anton Viktor (1804 – 1835) [103] wurde der erste Hochmeister mit Sitz in Wien. Unter Ezh. Maximilian Josef von Österreich-Este (1835–63) als treibende Kraft erfolgte eine zeitgemäße Erneuerung: die Ordensritter wandten sich immer mehr dem Ausbau des Kriegssanitätswesens zu.
Ezh. Wilhelm (1863 – 1894) [120], ein Onkel Kaiser Franz Josefs, ließ sich auf dem Parkring von Theophil Hansen das prächtige „Deutschmeisterpalais" errichten.
Nach dem Ende der Monarchie blieb mit der Abdankung Ezh. Eugens als letztem hochfürstlichem Hochmeister nur der priesterliche Zweig unter dem Namen „Deutscher Orden" mit einem Ordenspriester als Hochmeister bestehen. Unter dem Nationalsozialismus aufgelöst, wurde der Deutsche Orden bald nach Kriegsende sowohl in der Bundesrepublik als auch in Österreich wiederhergestellt. Sein Arbeitsbereich umfaßt vor allem seelsorgerische und karitative Aufgaben.

- ***Deutschordenshaus in Wien 1***, *Singerstraße 7.*
- ***ehem. Deutschmeisterpalais Wien 1***, *Parkring 8, heute OPEC Fund*

Die Nebenlinien des Hauses Habsburg

Neben regierenden Mitgliedern des Kaiserhauses, ihren Ehegatten und den unmittelbaren Nachkommen wurden in der Kaisergruft auch Angehörige begraben, die zur zahlreichen Nachkommenschaft Kaiser Leopolds II., den „kaiserlichen Nebenlinien" Habsburg-Toskana, Habsburg-Karl und Habsburg-Rainer gehörten. Auch die von seinem jüngeren Bruder Ferdinand Karl Anton begründete Linie Habsburg-Este ist in der Gruft vertreten. Nur von der Ungarischen Linie wurde niemand bei den Kapuzinern beigesetzt. Viele von ihnen ruhen in der Palatinischen Gruft der Budapester Burg.

• Die **Linie Toskana** ist in der Kaisergruft am stärksten vertreten. Einschließlich **Großherzog Leopold I.** (Kaiser Leopold II.) [113] und seiner Gemahlin **Maria Ludovika** wurden in Wien 22 Personen aus sechs Generationen des Hauses Toskana beigesetzt. Es galt ursprünglich wie auch das Haus Este als souveränes Fürstenhaus, wurde aber nach seiner Vertreibung aus Italien im Zuge der italienischen Einigungsbewegung von 1859 wieder dem Kaiserhause eingegliedert, was die große Zahl von Beisetzungen seiner Mitglieder in der Kaisergruft erklärt. Mit der Eingliederung in das Kaiserhaus war automatisch das Recht verbunden, in der Kaisergruft beigesetzt zu werden.

Die große Familie des Großherzogs Pietro Leopoldo.

1738 war Franz Stefan als Großherzog von Toskana (1738–1765) mit Maria Theresia in Florenz eingezogen, wo sie aber nur kurz residierten. Erst als ihr 2. Sohn Leopold nach dem plötzlichen Tod des Vaters 1765 als Pietro Leopoldo (1765–1792) die Herrschaft in Italien übernahm, wurde Florenz endgültig die großherzogliche Residenzstadt und blieb es bis 1859.

• Auch die Linie Karl, deren Stammvater **Ezh. Karl, der „Sieger von Aspern“** [122] war, ist in der Kaisergruft mit zwölf Mitgliedern aus vier Generationen vertreten.

Vier selbstbewußte, oft rivalisierende Brüder: Ezh. Josef, Palatin von Ungarn; Ezh. Rainer d.Ä., Vizekönig von Lombardo-Venetien; Ezh. Karl [122], der „Sieger von Aspern“, und Kaiser Franz I. [57]. Ausschnitt aus Peter Fendi, „Die kaiserliche Familie“, 1834.

• Von der auf Ezh. Rainer Josef (Rainer den Älteren), das 14. Kind Kaiser Leopolds II., zurückgehenden Linie Rainer ruht **Rainer d.J.** [110] in der Toskanagruft. Seine Schwester **Maria Karolina** [75B] und seine Gemahlin **Maria Karolina „Marie Rainer“** [83C] liegen in den Kolumbarnischen der Ferdinandsgruft bestattet.

• Von der Linie Este, die durch die Ehe von **Ezh. Ferdinand Karl Anton** [105] (1754–1806), dem vierten Sohn von Kaiser Franz I. Stefan und Maria Theresia, und dessen Gemahlin, der Erbtochter **Maria Beatrix von Este** [106] begründet wurde, ruhen in der Gruft sieben Mitglieder. Aus dieser Linie stammte unter anderem **Maria Ludovika** [58], die 3. Gemahlin von Kaiser Franz II./I. 1859 ging der Besitz Modenas im Zuge der italienischen Einigungsbewegung für das Haus Habsburg verloren.

*Mit **Herzog Franz V.** [101] starb die Linie 1875 in der dritten Generation aus. Der Titel Este und das damit verbundene Vermögen gingen an den späteren Thronfolger Ezh. Franz Ferdinand über, nach dessen Ermordung an den späteren Kaiser Karl, der ihn nach seiner Thronbesteigung an seinen zweiten, heute in Belgien lebenden Sohn Robert weitergab, der ihn heute noch führt.*

Die Kaisergruft als kunsthistorisches Denkmal

Die Sarkophage: Material – Technik – Form – Ornament

Bis weit in das 18. Jh. war das gebräuchlichste Material der Gruft **Zinn**, das mit geringen Zusätzen von Blei, Kupfer oder Antimon legiert und in der Endbearbeitung mit Schellack „bronziert" wurde. Die Prunksärge des Barocks und des Rokoko sind aus diesem edlen und daher entsprechend teuren Material. Josef II. bestimmte die Verwendung von leichterem und billigerem **Kupfer,** an dem man bis weit ins 19. Jh. festhielt. Kupfer hat sich bis heute auch als wesentlich beständiger erwiesen als Zinn. Im späteren 19. Jh. bürgerte sich eine Mischung von **Gelb-** und **Bronzeguß** sowie silberbronziertem Kupfer ein, vor allem bei den von der Firma Beschorner erzeugten Särgen. Andere Metalle wurden nur selten verwendet, außer bei gelegentlichen Versilberungen und Vergoldungen von Zierrat.

Zur Herstellung wurden alle möglichen Techniken der Metallverarbeitung verwendet: **Vollguß** für die Sarkophage, **Hohlguß** für den Skulpturenschmuck, **Ziselierungen, Gravierungen** und **Treibarbeiten** zur Oberflächengestaltung. Truhen und Deckel sind vernietet, Ornamente und figürliche Beigaben in den meisten Fällen angeschraubt.

Um Stabilität vor allem der überdimensionierten Prunksarkophage des 18. Jh. zu garantieren, wurden wahre Meisterleistungen vollbracht. Mit Eisenverstrebungen und Holzauskleidung löste man das Problem und vermied damit auch gleichzeitig das Verziehen und Verformen der Sargwände durch das Gewicht des Deckels, der im Falle des Doppelsarkophags von Maria Theresia und Franz I. Stefan laut Angabe seines Schöpfers Balthasar Moll nicht weniger als 35 Zentner (ca. 1700 kg!) wiegt. Aber auch kleinere Särge mußten mit Holzauskleidungen und Eisenarmierungen versehen werden.

Die beiden vorherrschenden Sargtypen, der **„Truhensarg"** mit flachem Deckel und der **„Holzgestaltsarg"** mit erhöhtem, trapezförmig abgeschrägtem Deckel, kehren in zahlreichen Variationen, manchmal von lebhaft bewegtem Schmuckwerk bis zur Unkenntlichkeit überlagert, immer wieder.

Mit Kaiser Josef II. verlieren die Särge bis auf einfach gefaßte Inschriftentafeln und Flachkreuze ihr schmückendes Beiwerk und sind in ihrer ursprünglichen Form wieder leichter erkennbar. Das Biedermeier entdeckte erneut zarte Schwingungen, sowohl bei Truhen- als auch bei Holzgestaltsärgen.

Das **Ornament** ist der Schmuck der Särge, der sie über ihren eigentlichen Zweck hinaus erst zu richtigen Schausärgen macht – zu Repräsentationsobjekten. Wie sich die Fürsten und Kaiser, die hier begraben liegen, im Leben ihrer sozialen Stellung gemäß mit Glanz und Pracht umgaben, so sollten auch die Särge der Welt zeigen, wer sie waren, welche Macht sie besaßen und welche Länder ihnen untertan waren. Auch durften Sinnbilder ihrer Religiosität nicht fehlen.

Zwei Beispiele figürlicher Darstellungen: Mit Löwen- bzw. Adlerkopf verzierte Sarggriffe.

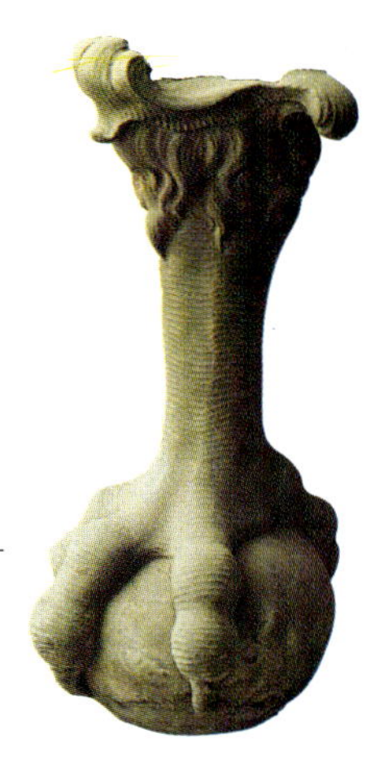

Adlerkralle als Fuß ausgebildet. Sarg der Kaiserin Anna [1], der Begründerin der Kaisergruft.

Als **figürlicher Schmuck** erscheint vorerst nur das Kruzifix flach auf den Deckel graviert, später in einem mehr oder minder erhabenen Relief, das sich bis zur Vollplastik entwickelt. Weitere figürliche Zutaten sind Totenschädel und gekreuzte Gebeine, Löwenköpfe und -pranken, Ibisköpfe und Adler, Bärenfüße und Engelsköpfe, Putten, Genien in Frauengestalt, Bildnismedaillone und vollplastische Bildnisse der Verstorbenen.

Als Sinnbilder der Macht dienen Kronen, Szepter, Reichsäpfel, Wappen und Hermeline. Kanonen, Gewehre, Speere, Schwerter, Fahnen und Harnische nehmen Bezug auf militärische Macht. Kriegerischer Ereignisse oder Krönungszeremonien gedenkt man in Form von Reliefs – womit vor allem Moll dem Gedanken einer dynastischen Begräbnisstätte vollauf Rechnung getragen hat.

Immer wiederkehrendes Engelskopfmotiv.

Die Künstler verwendeten bis ins späte 18. Jh. reichlich **ornamentalen Schmuck**, der den Särgen, ebenso wie der figürliche

Schmuck, ihre Schwere und Wuchtigkeit nimmt und die Flächen belebt. Bei den früheren Särgen der Gruft handelt es sich hauptsächlich um der antiken Formensprache entnommene Palmetten, Rosetten, Lorbeerkränze und Rankenwerk, die im Spätbarock und Rokoko in stilisiertes und abstrahiertes Knorpel-, Roll- und Bänderwerk übergehen. Der Sarg der Gräfin Fuchs [41] aus dem Jahr 1754 ist reinstes Rokoko, ebenso der Doppelsarkophag Maria Theresias und ihres Gemahls [55/56]. Selbst an den Haaren des Herrscherpaares „züngelt" es, die Gewandfalten wirken wie von einem Windstoß bewegt. Bei den späteren Särgen, z.B. dem der Johanna Gabriela [45], der Maria Isabella [55] oder der Maria Theresia [52] werden die Blumen wieder naturalistischer und ruhiger, die Rocaillen wieder zu Ranken, wie schon um 1700. Erst im sogenannten „zweiten Rokoko" werden die Verzierungen wieder verschwenderischer.

Immer wiederkehrende Vergänglichkeitssymbole.

Der **Totenkopf** ist das mit Abstand am häuftigsten verwendete Symbol der Vergänglichkeit, der menschlichen Begrenztheit, der Herrschaft des Todes über alle irdische Macht und Größe. Immer wieder begegnet er uns in der Gruft in den verschiedensten Formen, mehr oder weniger schaurig auf das zeitliche Ende alles menschlichen Seins hinweisend.

Alle Särge zwischen 1646 und 1767 sind mit Totenkopfdekor ausgestattet. Die ältesten Totenkopfensembles der Gruft befinden sich am Sarkophag der Kaiserin Maria Anna [22], der ersten Gemahlin Kaiser Ferdinands III.

Totenköpfe mit fehlendem Unterkiefer, die den menschlichen Verfall noch deutlicher vor Augen führen sollen, finden wir z.B. am Sarg Kaiser Ferdinands III. [27]. Vollplastische Totenköpfe zieren den Sarg Kaiser Leopolds I. [37]: Drei ruhen auf dem üblichen Schenkelknochenkreuz, der Totenkopf der Schauseite hingegen auf Szepter und Schwert. Sie sind nicht mehr von Symbolen der Verwesung und des Verfalls wie Stundenglas und Schlange begleitet, sondern sind lorbeerbekränzte Symbole des Triumphes, die mit ritterlichen bzw. monarchischen Attributen versehen sind. Nur auf dem Sarg von Kaiser Karl VI. [40] finden wir mit Kronen versehene Totenköpfe.

Totenkopf mit Reichskrone als Symbol der Kaisergruft.

Ausschließlich vom nicht öffentlich zugänglichen Teil des Kapuzinerklosters aus sieht man die Kuppellaterne über der Maria Theresia-Gruft, die ebenfalls von einem Totenkopf bekrönt wird. Er trägt die Krone des Hauses Habsburg, überhöht vom Christussymbol: Das Zeichen der Hoffnung und des Glaubens über den Symbolen der irdischen Macht und – wiederum – der Vergänglichkeit.

Künstler und Handwerker

Das österreichische Barockzeitalter brachte eine Reihe von hervorragenden Künstlern hervor, die im Auftrag des Kaiserhauses einzigartige Meisterwerke der Plastik und des Zinngusses für die Gruft bei den Kapuzinern schufen.

Der aus einer Innsbrucker Bildhauerfamilie stammende **Balthasar Ferdinand Moll** (1717–1785) war einer der talentiertesten Schüler Georg Raphael Donners, studierte an der Wiener Akademie, an der er zwischen 1751 und 1759 selbst Bildhauerei lehrte, und gestaltete als kaiserlicher Zinngießer mit über zwanzig Sarkophagen im Auftrag Maria Theresias die Kaisergruft entscheidend mit. Er starb 68-jährig in der Stadt seines Wirkens. Er schuf nicht nur die Doppeltumba für seine kaiserliche Auftraggeberin und deren Gemahl, sondern auch mit einer Ausnahme alle anderen Sarkophage der Maria Theresia-Gruft, ebenso drei Särge der Karlsgruft: die von Kaiserin Elisabeth Christina [36], Ezh. Maria Elisabeth [38] und Ezh. Maria Anna [39]. Der Sarg Kaiser Karls VI. [40] wurde von ihm nur durch zahlreiche Schmuckelemente ergänzt. In den zwei ältesten Grüften ersetzte Moll im Auftrag Maria Theresias die ursprünglich von **Johann Georg Pichler** angefertigten Schausärge ihrer Großmutter Eleonora Magdalena [32] und ihrer Tante Maria Magdalena [31] durch prächtigere Neuanfertigungen. Auch der Herzurnenepitaph der Königin Maria Anna [9] an der Stirnseite der Leopoldsgruft und die Adlerkrallenfüße der Gründersärge sind ein Werk Molls.

Zu seinen bekanntesten Arbeiten außerhalb der Gruft gehören die plastische Ausgestaltung der Triumphpforte über die Maria Theresien-Straße in Innsbruck (1773/5) und das Reiterstandbild Kaiser Franz I. Stefan im Wiener Burggarten (1766).

Auch Balthasar Molls älterer Bruder **Johann Nikolaus Moll** (1709–1752) ist mit einem Werk in der Gruft vertreten: Er schuf gemeinsam mit dem Hofbildhauer **Johann Georg Pichler** den Prunksarkophag für Kaiser Karl VI. [40]. Leider weiß man von beiden nur sehr wenig. Es ist auch schwer, ihre jeweiligen Arbeitsanteile genau zu trennen. Nachweislich stammt von ersterem die Deckelgruppe mit trauernder Austria und dem Genius mit dem Medaillonbild des Kaisers.
An zahlreichen Särgen wirkte zwischen 1675/80 und 1720 der berühmte kaiserliche Hofbauamtszinngießer **Johann Philipp Stumpf** mit. Wahrscheinlich war er der ausführende Zinngießer für den Sarg von Kaiser Josef I. [35], obwohl fehlende Arbeitsberichte und sehr unübersichtliche, mehrfach unterzeichnete Kostenvoranschläge eine genaue Zuordnung erschweren.
Gesicherte Arbeiten von Stumpf sind die Sarkophage von Ezh. Leopold Josef [26], Ezh. Maria Theresia [25], Königin Eleonora Maria [18] und Ezh. Maria Josefa [16] in der Leopoldsgruft.
Wenig weiß man auch über die Arbeiten **Tobias Krackers**, der an den hochbarocken Särgen Leopolds I. und Josef I. mitgearbeitet hat. Er war Bildhauer in Wien und arbeitete eng mit den führenden österreichischen Barockarchitekten Johann Bernhard Fischer von Erlach (z.B. in Brünn und am Schloß Frain/Vranov in Mähren) und Lukas von Hildebrandt zusammen, der ihm wahrscheinlich auch den Entwurf zum Sarg Josefs I. lieferte.
Von **Hans Georg Lehrl** stammen die beiden außergewöhnlichen Kindersarkophage für Ezh. Leopold [30] und seine Schwester Ezh. Maria Amalia [23], die beide im Auftrag ihres Vaters Kaiser Karls VI. angefertigt wurden.
Weitere in der Gruft beschäftigte Zinngießer waren: **Zacharias Lauffer**, der Schöpfer der Sarkophage von Kaiserin Maria Leopoldina [21] und Kaiser Ferdinand III. [27], **Lothar Som**, aus dessen Werkstatt die Särge für Ezh. Leopold Wilhelm [115], Ezh. Karl Josef [116] und Kaiserin Margareta Theresia [20]

sowie die Herzurne der Kaiserin Claudia Felicitas [24] stammen, **Christoph Rötter**, der für die Särge der Kaiserin Eleonore Gonzaga [19] und der Ezh. Maria Anna Josefa [17] verantwortlich zeichnete und **Thomas Koch**, der Meister des Sarges von Ezh. Maria Antonia [28].
Mit den Arbeiten aus dem Atelier des aus Oberungarn stammenden Sargfabrikanten **Alexander Markus Beschorner** (1823–1896) und dessen Sohn **Alexander Matthias** (1856–1935) erhielt die Kaisergruft nach 1870 wieder kunstgewerblich wertvolle Guß- und Treibarbeiten. Beschorner hatte 1860 in Wien eine sehr erfolgreiche Metallwarenfabrik gegründet, in der auch diverser Ornament- und Figurenschmuck für Oper, Burgtheater und Rathaus angefertigt wurde.

Restaurieren und Konservieren

Alte Stiche und Photos von der Gruft, wie auch Beschreibungen vermitteln den Eindruck von Düsterkeit, Moder und Verfall, von engen Gängen und willkürlich nebeneinandergereihten und übereinandergestapelten Särgen, von denen vor allem die älteren in einem erbärmlich schlechten Zustand waren.

Der 1994 in Restaurierung befindliche Sarkophag der Eleonora Maria [18] in der Gruftwerkstätte

*Allgegenwärtige **Feuchtigkeit, Kriegsschäden**, ständige **Temperaturschwankungen** und die durchziehenden Besucherströme hatten ihren Zoll gefordert: Korrosionskrater, Löcher und Risse waren die Folge. Vor allem horizontale Flächen, Sargdeckel, Kissen und Überwürfe hatten begonnen, Schicht um Schicht abzublättern und schon bei leichtester Berührung zu Staub zu zerfallen, Bodenplatten waren durchgebrochen, Inschriftenkartuschen durch Pustelbildung bis zur Unkenntlichkeit zerstört, ganz zu schweigen von diversen Schmuckelementen, die sich an den Löt- und Schraubstellen abzulösen begonnen hatten, durch Zersetzung abgebrochen oder von Gruftbesuchern entwendet worden waren. Die Gußkerne zahlreicher Figuren hatten sich mit Feuchtigkeit vollgesogen und von innen die Form gesprengt, Sargwände sich unter dem Gewicht ihrer Deckel verzogen, Bodenplatten waren gebrochen, die Gruftwände von Feuchtigkeit förmlich zerfressen.*

Die Innenverstrebungen (oben) und Schäden an der Bodenplatte (unten) des Sarges von Maria Leopoldina [21].

Auch dem Holz der Innensärge hatte die hohe Feuchtigkeit zu schaffen gemacht, nicht zuletzt durch austretende Leichenflüssigkeit, die sich ihren Weg durch das Holz bis zum darunterliegenden Steinboden gebahnt und auch diesen noch zentimetertief verätzt hat. Kaum ein Holzsarg aus dem 17. Jh. ist noch original erhalten. Sie sind alle entweder ergänzt oder vollständig durch neue Eichensärge ersetzt worden – wobei die Tischlerarbeit von der Sargfabrik der Wiener Städtischen Bestattung vorgenommen wird, die Tapezierung mit Samt und Goldborten nach Originalentwürfen in der Hauswerkstätte. Durch neue Vergoldungen oder Versilberungen wird versucht, Traggriffe, Schlösser und andere kunstvoll gearbeitete Metallbeschläge im Original zu erhalten.

Die **erste Restaurierungskampagne,** bei der einzelne Särge auch geöffnet wurden, erfolgte in den Jahren 1852/53. 1956 wurde auf Anregung des damaligen Gruftmeisters, Pater Guardian Urban Roubal, die **Gesellschaft zur Rettung der Kapuzinergruft** ins Leben gerufen, um die Öffentlichkeit vom gefährdeten Zustand der in der Gruft lagernden Kunstschätze zu alarmieren, Kostenvoranschläge einzuholen, Mittel für eine baldige Rettung aufzubringen, Kontakte zu knüpfen, Experten zu finden und erste Sanierungsmaßnahmen einzuleiten. (1960 zählte die Gesellschaft fast 3.500 Mitglieder, darunter auch zahlreiche Persönlichkeiten des öffentlichen Lebens.) Als Voraussetzung für alle weiteren Maßnahmen stand an oberster Stelle der Prioritätenliste die Schaffung von zusätzlichem Raum und die Trockenlegung der Gruft, an zweiter die Rettung der Arbeiten Balthasar Molls.

Herzbecher der Maria Leopoldina [21] nach der Entnahme aus dem Sarg.

1959 erfolgte der Spatenstich zum **Bau der Neuen Gruft,** die ein Jahr später fertiggestellt war. Nach der Überstellung von 26 Särgen aus der hoffnungslos überfüllten Toskanagruft konnte mit den ersten Trockenlegungsarbeiten begonnen werden. Gleichzeitig begann ein erster Restaurierungsversuch am Kindersarg der Maria Theresia [52]. Man betrat dabei wissenschaftliches Neuland.

1961 erfolgte die **Instandsetzung der Ferdinandsgruft,** die ebenfalls trockengelegt wurde und deren Fußboden man vollständig erneuerte.

1962/63 wurde die **Maria Theresia-Gruft** einer Generalsanierung unterzogen. Allein die **Restaurierungsarbeiten am**

Maria Theresiensarkophag nahmen acht Jahre in Anspruch. Größten Arbeitsaufwand erforderte auch die **Restaurierung des Sarges von Karl VI.** [40]. Die noch von Maria Theresia angeordneten Umbauarbeiten durch Balthasar Moll und die Ausbesserungsarbeiten der Fünfzigerjahre, die sich durch damals noch mangelnde Erfahrung als nicht ideal herausgestellt haben, sollten die Restaurierung besonders schwierig gestalten. Die Arbeit begann mit der Zerlegung des Riesensarkophags in Einzelteile, Abnehmen des mehrfach verschraubten Deckels, Abmontieren des ebenfalls verschraubten Zierrates und Transports des über 500 kg schweren Sargunterteils durch die Maria Theresien- und die Franzensgruft in die Werkstätte, wobei unter anderem der Sarg Josefs II. auf die Seite geschoben werden mußte. Die Erneuerung der Gußkerne stand an erster Stelle. Mit Stemmeisen und langen Bohrern wurde zuerst weit über hundert Kilogramm Gipsziegelmehl aus der trauernden Austria und dem Putto entfernt. Durch Löcher, die an verschiedenen Stellen der Köpfe, Körper, Arme und Beine gebohrt worden waren, goß man dann mit Hilfe eines Trichters die „entkernten“ Figuren mit portionsweise angerührtem, federleichtem Polyuritan-Hartschaum aus. Zahlreiche Teile wie Engelsköpfe mußten überhaupt neu gegossen werden. Danach konnten die Oberflächen erneuert, poliert, zieseliert und mit einem Schellackanstrich versehen werden. Der mit kunstvollen Silberarmierungen versehene Holzsarg des Kaisers war in gutem Zustand und wurde während der Restaurierung des Übersarges in einem „Depotsarg“ in der Toskanagruft aufbewahrt. Er ist nicht geöffnet worden.

Bedingt durch die komplizierte Bau- und Gußstruktur und die künstlerische Einmaligkeit der einzelnen Särge erfordert die Arbeit in der Kaisergruft **hochqualifizierte Fachleute**. Die beiden derzeit in der Gruft arbeitenden Restauratoren verfügen daher über fundierte Kenntnisse auf dem Gebiet der Metallurgie (z.B. Diplomstudium der Metallrestaurierung an der Hochschule für Angewandte Kunst) und neben großem künstlerischem Können und Einfühlungsvermögen auch über eine Vielzahl von handwerklichen Fähigkeiten.
Die Restaurierung und Konservierung der kostbaren Kunstwerke erfolgt dabei in enger Zusammenarbeit mit den Kapuzinern als Verwahrern der Gruft, dem „Verein zur Rettung der Kapuzinergruft“, dem Bundesdenkmalamt, dem Altstadterhaltungsfonds der Stadt Wien, der Technischen Universität Wien, der Akademie der bildenden Künste, diversen internationalen Expertenteams und nicht zuletzt einer Reihe von österreichischen Firmen, um zukünftigen Generationen die einmaligen und unwiederbringlichen Werke der Kaisergruft zu erhalten.

Ein Rundgang durch die Kaisergruft bei den Kapuzinern

Gründergruft

Als Gründergruft wird jener älteste Teil der Kaisergruft bezeichnet, der auf die Begräbnisstiftung der Kaiserin Anna zurückgeht. Ihre Bauzeit, 1622–1632, fällt mit dem Bau der ersten Klosterkirche zusammen.
Es ist ein niedriger, schmuck- und fensterloser Raum, der genau unter der ebenfalls von Kaiserin Anna gestifteten Kaiserkapelle der Kapuzinerkirche liegt (s. S. 16) und durch ein schlichtes frühbarockes Gitter von der Leopoldsgruft getrennt ist. Hierher wurden 1633 die **Särge des Stifterpaares** nach ihrer vorübergehenden Beisetzung im Königinkloster in der nahegelegenen Dorotheergasse gebracht, hier bestattete Kaiser Ferdinand III. zwei seiner Gemahlinnen und seine jungverstorbenen Kinder (daher auch die noch gelegentlich verwendete Bezeichnung „Engelsgruft"). Bis zur Fertigstellung der Leopoldsgruft fand hier auch Kaiser Ferdinand III. vorübergehend eine Ruhestätte. Heute gehört die Gründergruft wieder ausschließlich dem Stifterpaar.

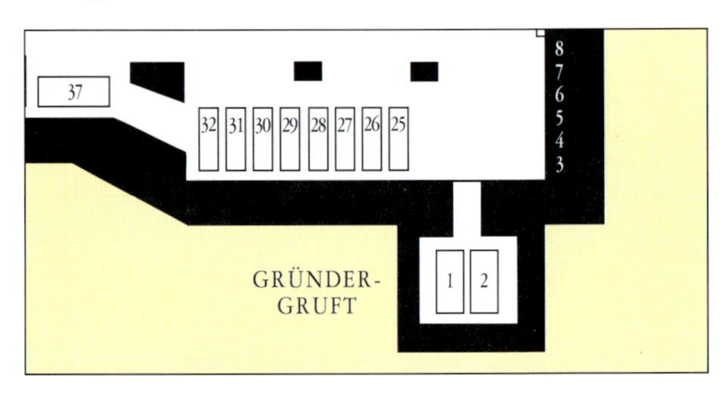

[1] Kaiserin Anna [von Tirol] *Innsbruck 1585 †Wien 1618, Tochter von Ezh. Ferdinand II. von Tirol und Anna Katharina von Gonzaga-Mantua.

Die Kaiserin wie auch ihr Gemahl ruhen in fast schmucklosen, sehr ähnlich gearbeiteten, truhenförmigen Spätrenaissancesärgen, deren ebene Flächen und gerade, klare Linien nur durch Gravuren aufgelockert werden. Ursprünglich standen sie auf einfachen Holzschragen, erst im Auftrag Maria Theresias wurden diese durch barocke Adlerkrallenfüße von **Balthasar Moll** ersetzt.

Annas Jugend in Tirol war von der strengen katholischen Erziehung ihrer Mutter geprägt, auf die zahlreiche Stiftungen in Tirol zurückgehen (z.B. Hl. Grabkirche, die Klöster der Kapuziner, der Serviten und Servitinnen in Innsbruck, Maria Loretokirche bei Hall). 1611 wurde die junge Erzherzogin mit ihrem Vetter Mat-

thias vermählt und mit diesem in Frankfurt gekrönt. Ihre Krönung zur Königin von Ungarn erfolgte 1613, von Böhmen 1616.

• ***Geistliche Schatzkammer**, Hofburg, „Kapuzinerschatz", vgl. auch S. 20*

Die schlichten Truhensärge von Kaiserin Anna und Kaiser Matthias.

[2] Kaiser Matthias *Wien 1557 †Wien 1619 (röm.-dt. Kaiser 1612–1619), Sohn von Kaiser Maximilian II. und der Infantin Maria von Spanien (Tochter von Kaiser Karl V.), Generalstatthalter der Niederlande

Franz Grillparzer hat in seinem Stück „Ein Bruderzwist in Habsburg" die Konflikte zwischen Matthias und seinem älteren kaiserlichen Bruder Rudolf II. literarisch verarbeitet. Aber auch nach dem Tod des ungeliebten Bruders auf dem Prager Hradschin und seiner eigenen Kaiserkrönung verdüsterten innerpolitische Spannungen in den Erblanden, Konfessionskonflikte und die Türkengefahr seine Regierungszeit. 1618 erlebte er mit dem Prager Fenstersturz den Ausbruch des Dreißigjährigen Krieges. Kinderlos, welt- und lebensmüde starb der Kaiser 1619 kurz nach dem Tod seiner Gemahlin in der Hofburg zu Wien. Auf den Thron folgte ihm als Ferdinand II. sein Vetter Ezh. Ferdinand aus der innerösterreichischen Linie.

• ***Schloß Schönbrunn**: Die Überlieferung berichtet, daß Matthias auf der Jagd den „Schönen Brunnen" entdeckte, der nicht nur als vorzügliche Trinkwasserquelle bekannt wurde, sondern auch dem später auf diesem Areal errichteten Lustschloß seinen Namen gab.*

• ***Theresianum** (Wien 4., Favoritenstraße 15) während der Türkenkriege zerstörte und später wiederaufgebaute kaiserliche Sommerresidenz „Favorita", von Maria Theresia in eine kaiserliche Militärakademie umgewidmet, heute Gymnasium und Diplomatische Akademie.*

LEOPOLDSGRUFT

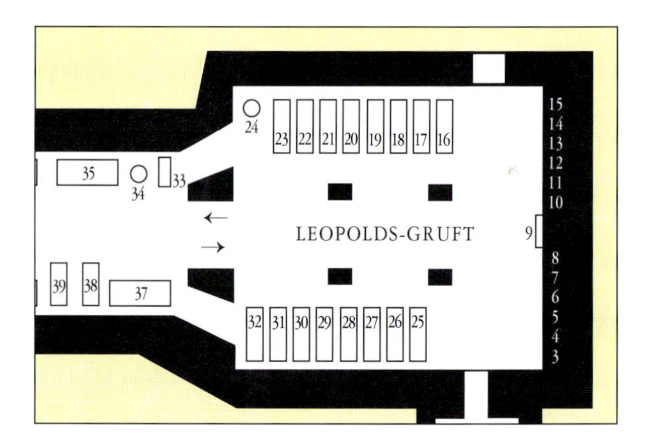

Mit seinem Auftrag zur Erweiterung der von Anna und Matthias gestifteten Gruft hatte Kaiser Ferdinand III. den Grundstein zur habsburgischen Erbbegräbnisstätte bei den Kapuzinern gelegt. Sein früher Tod machte seinen Nachfolger Leopold I. zum Testamentsvollstrecker. Bald nach dessen Regierungsantritt im Jahr 1657 wurde mit dem Ausbau einer größeren, direkt unter dem Kirchenschiff gelegenen hallenförmigen Anlage begonnen, die 1701 noch einmal in Richtung Westen bis in die heutige Karlsgruft hinein erweitert wurde. Vier mächtige Pfeiler mit quadratischer Basis unterteilen den Raum in drei Schiffe, das Kreuzgewölbe ruht auf profilierten Pilastern, schlichte Kreisstukkos zieren das Gewölbe.

In der Leopoldsgruft befinden sich neben den 12 Kindersärgen in den Kolombarnischen 16 Sarkophage und 2 Herzurnen. Es ruhen hier:

- **Kaiser Ferdinand III. [27], seine drei Gemahlinnen [22, 21, 19] und vier seiner Nachkommen [29, 18, 17]**, eine Tochter im Sarg der Mutter **[22]**
- **drei Gemahlinnen Kaiser Leopolds I. [20, 24, 32]** (von Claudia Felicitas nur das Herz) **und sechs seiner Nachkommen [28, 26, 9, 25, 16, 31]** (auch von Maria Anna nur das Herz) – weitere drei seiner insgesamt 16 Nachkommen ruhen in der Karlsgruft
- **zwei Kinder Kaiser Karls VI.** (Geschwister Kaiserin Maria Theresias) **[30, 23]**

Kolumbarien der Leopoldsgruft.

In den Kolumbarnischen, die man bei umfangreichen Restaurierungsarbeiten in den Sechzigerjahren neben dem alten Gruftabgang in die 8 m starke Ostmauer der Kirche eingebaut hat, befinden sich 12 unbeschriftete, schmucklose Särge. Hier ruhen frühverstorbene Kinder von Kaiser Ferdinand III. (**Maximilian Thomas** *†1639, **Philipp August** *†1939, **Theresia Maria** *†1653 und **Ferdinand Josef** *†1658; 7 Kinder von Kaiser Leopold I. (**Ferdinand Wenzel** *†1668, **Johann Leopold** *†1670, **Maria Anna** *†1672, **Anna Maria Sophia** *†1674, **Maria Josefa** *†1676, **Christina** *†1679 und **Maria Margareta** *†1691); und ein **unbenannter Enkel Kaiser Ferdinands III.**, ein Sohn des pfälzischen Kurfürsten Johann Wilhelm.
Alle diese Kinder waren ursprünglich in der Gründer- bzw. in der Leopoldsgruft beigesetzt worden.

Teilansicht der Leopoldsgruft vom Durchgang zur Karlsgruft.

Anfänglich war es Sitte, die Särge aller weiblichen Personen an der Epistelseite unmittelbar neben dem alten Gruftabgang, die Särge der männlichen Mitglieder des Kaiserhauses auf der Evangelienseite, also der Südseite der Gruft aufzustellen. Durch den Wunsch der Kaiserin Eleonora Magdalena [32], neben ihrem Gemahl Leopold [37] beigesetzt zu werden, wurde die alte Ordnung jedoch umgestoßen.

[27] Kaiser Ferdinand III. *Graz 1608 †Wien 1657 (röm.-dt. Kaiser 1637–1657), Sohn von Kaiser Ferdinand II. und Maria Anna von Bayern

Der in seiner Form schlichte, aber mit reichem Auflagenschmuck versehene Holzgestaltsarg ruht auf vier Adlern. Reiche Blattornamentik, die sich mit Engelsköpfen abwechselt, schmückt Kanten und Ränder. Den Deckel ziert ein zweiköpfiger kaiserlicher Adler mit dem österreichischen Wappen auf dem bekrönten und von der Collane des Ordens vom Goldenen Vlies eingefaßten kleinen Brustschild mit dem Monogramm F. III.

Kaiser Ferdinand III. (links: der schlichte Sarg, unten: auf dem Totenbett).

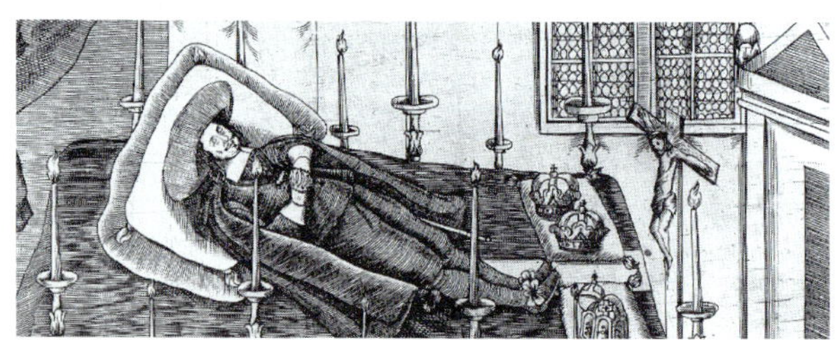

Ferdinand beherrschte neben Latein sechs lebende Fremdsprachen, darunter Tschechisch und Ungarisch, hatte bemerkenswerte wissenschaftliche, literarische und künstlerische Interessen – mit ihm begann die Reihe der komponierenden Habsburgerkaiser – und ergänzte die kaiserlichen Gemäldesammlungen durch bedeutende Werke von Tizian, Veronese und Rubens. Er ließ aufhorchen, als er nach der Ermordung Wallensteins 1634 als Kronprinz die Führung des kaiserlichen Heeres übernahm. Politisch gelang es dem friedliebenden Herrscher, mit dem ***Westfälischen Frieden*** *den Dreißigjährigen Krieg zu beenden.*

- ***Geistliche Schatzkammer:*** *Hofburg, Raum IV, Allegorie auf den Tod Ferdinands III.*
- ***Kunsthistorisches Museum***

Die drei Gemahlinnen Kaiser Ferdinands III.:

[22] Kaiserin Maria Anna (von Spanien) *Madrid 1606 †Linz 1646, Tochter des spanischen Königs Philipp III. und der Ezh. Margarete von Österreich; gemeinsam mit neugeborener Tochter beigesetzt

Detail des Sarges von Maria Anna.

Ihr einfacher, frühbarocker Holzgestaltsarg fällt sofort durch seine ungewöhnliche Höhe auf. Der Deckel ist mit Doppeladler, habsburgischer Hauskrone und Wappen verziert. An seinen Längsseiten wechseln sich mit Knochenkreuzen unterlegte und von Festons (Bändern) umrahmte Totenschädel mit Engelsköpfen ab. Löwenköpfe als Handgriffe ergänzen den Schmuck. Da die Signierung unleserlich geworden ist, läßt sich der Künstler nicht mehr feststellen. Als man den Sarg 1852 öffnete, fand man den Körper der jungen Kaiserin bis auf einzelne Büschel hellroter Haare gänzlich verfallen; das Kleid aus kirschrotem Samt mit Goldstickereien war jedoch gut erhalten, ebenso ihre Schuhe mit goldenen Maschen. Der Leichnam war mit einem seidenen Tuch bedeckt.

Die Infantin wurde 1631 mit Ferdinand III. von Österreich verheiratet. Ihre Kinder waren u.a. der frühverstorbene Ferdinand IV. [29], die mit Philipp IV. von Spanien vermählte Maria Anna und der spätere Kaiser Leopold I. [37]. Sie starb, bereits von Todesahnungen heimgesucht, bei der Frühgeburt einer Tochter in Linz, von wo ihr Leichnam in einer feierlichen Prozession von 30 Schiffen nach Wien gebracht wurde. Das Kind legte man in den rechten Arm der Mutter zur letzten Ruhe.

Die Kaiserin mit den Kindern Ferdinand (IV.), Leopold (I.) und Maria Anna.

[21] Kaiserin Maria Leopoldina (von Tirol) *Innsbruck 1632 †Wien 1649, jüngste Tochter von Ezh. Leopold V. von Tirol und Claudia von Medici

Sarg von Kaiserin Maria Leopoldina und ihr Bildnis.

Ihr frühbarocker Truhensarg steht rechts neben dem der Kaiserin Maria Anna. Er stammt von **Johann Baptist Zacharias Lauffer**. Sein markantester Deckelschmuck ist ein reliefierter kaiserlicher Doppeladler mit Wappenfeldern am Brustschild, darunter Christus am Kreuz, „Maria mit sieben Schwertern" und eine Inschriftentafel. Die beiden Längsseiten sind unter anderem mit dem von der Kaiserkrone überhöhten Monogramm ML geziert.

Erst 16-jährig wurde Maria Leopoldina mit Ferdinand III. als dessen 2. Gemahlin in Linz 1648 vermählt. Ein Jahr später starb sie wenige Stunden nach der Geburt ihres ersten Kindes, des Ezh. Karl Josef [116], „nachdem sie schwere Ohnmachten bekommen hatte".

[19] Kaiserin Eleonora (von Mantua-Gonzaga) * Mantua 1629 †Wien 1686, Tochter von Karl II. von Mantua-Nevers und Maria Gonzaga

Ihr Holzgestaltsarg, ein Werk des Zinngießers **Christoph Rötter**, ist leicht an den schaurigen Halbschädeln mit gekreuzten Schenkelknochen, den geflügelten Engelsköpfen an den Ecken und den auf Kugeln stehenden Vogelkrallenfüßen erkennbar.

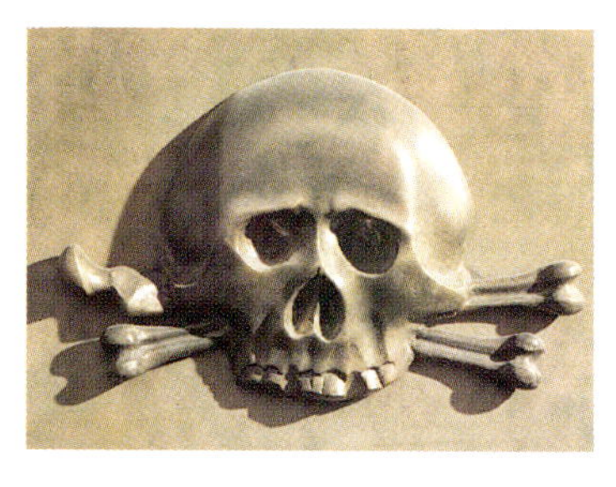

Detail des Sarges von Kaiserin Eleonora.

Zwei Jahre nach dem Tod Kaiserin Maria Leopoldinas vermählte sich Ferdinand mit der hochgebildeten, sehr belesenen und literarisch tätigen Eleonora, die einen großen Einfluß auf das Kunst- und Kulturleben der kaiserlichen Haupt- und Residenzstadt in der zweiten Hälfte des 17. Jh. nehmen sollte. Sie scharte die bedeu-

Innerer Burghof. Blick gegen das Schweizer Tor um 1725. (rechts: Leopoldinischer Trakt, der auf Anregung von Kaiserin Eleonora gebaut wurde).

tendsten Künstler um sich und initiierte die Erweiterung der Hofburg durch den Leopoldinischen Trakt, für den sie renommierte Künstler und Baumeister aus ihrer Heimat nach Wien holte. Sie war auch Auftraggeberin von großartigen Theater- und Opernaufführungen und unterhielt eine eigene Hofkapelle.
Der Hoftradition gemäß war sie auch eine eifrige Förderin religiöser Orden: So unterstützte sie tatkräftig die Jesuiten, deren Kirche Am Hof sie mit einer prächtigen Barockfassade versehen ließ. Zur Erziehung junger Mädchen berief sie 1660 die Ursulinen aus Lüttich nach Wien, denen sie Kloster und Kirche in der Johannesgasse in Wien stiftete (heute Akademie für Musik und darstellende Kunst), und stiftete den noch bestehenden „Sternkreuzorden", den einzigen Damenorden des Hauses Habsburg. 1653 vermachte sie dem Kapuzinerkloster eine aus ihrer Heimat mitgebrachte Muttergottesstatue „Maria Trösterin und Fürsprecherin für alle", die bis zum heutigen Tage als Hausmutter des Klosters gilt und unweit des Gruftabgangs in einer Nische aufgestellt ist.

- ***Kirche zu den Neun Chören der Engel:*** Am Hof
- ***Leopoldinischer Trakt*** der Hofburg

Hausmadonna, 1653 Mantua, gewidmet von Kaiserin Eleonora Gonzaga.

Die Kinder von Kaiser Ferdinand III.:

[29] Ezh. Ferdinand IV. *Wien 1633 †Wien 1654, römisch-deutscher König (Thronfolger), ältester Sohn aus der ersten Ehe mit Maria Anna, **Stifter der Herzgruft bei St. Augustin**

Als sein Truhensarkophag 1852 geöffnet wurde, waren nur mehr Knochen und einige Haarlocken vorhanden, ebenso Reste seines spanischen Mantels. Um den Hals trug der junge Tote ein goldenes Toisonzeichen (Orden des Goldenen Vlies), an seiner linken Seite fand man einen Degen.

Als Liebling des Vaters wurde Ferdinand frühzeitig zu den Regierungsgeschäften herangezogen. Schon 13-jährig wurde er zum König von Böhmen gewählt, 20-jährig erfolgte die Krönung zum römisch-deutschen König in Regensburg. Die Blattern, an denen er kurz darauf starb, zerstörten alle Hoffnungen, stürzten den Vater in tiefe Verzweiflung und das Reich in eine gefährliche Krise um die Nachfolge.

[18] Ezh. Eleonora Maria *Regensburg 1653 †Wien 1697, Tochter aus dritter Ehe mit Eleonora Gonzaga, spätere Königin von Polen, Herzogin von Lothringen; Großmutter von Kaiser Franz I. Stefan

Der mit überaus bewegter plastischer Laub- und Bandwerkornamentik und gravierten Medaillons an den Längsseiten des Deckels versehene Sarkophag ist eine signierte Arbeit **Johann Philipp Stumpfs**. An den Stirnseiten befindet sich zwischen einköpfigen Adlern ein von einer Krone überhöhtes Wappenschild mit den Wappen Polens und Lothringens, auf dem Deckel ein vollplastischer Totenschädel zu Füßen des Kreuzes.

Prunksarkophag von Eleonora Maria, Stich von Salomon Kleiner.

Sarkophag von Ezh. Eleonora Maria [18], Königin von Polen.

Eleonora Maria war in erster Ehe mit dem politisch wenig erfolgreichen und von Teilen des Adels nicht anerkannten König Michael Korybut von Polen, dem Vorgänger von König Johann III. Sobieski, verheiratet gewesen. In zweiter Ehe wurde sie die Gemahlin von Herzog Karl V. von Lothringen, dem Oberbefehlshaber der kaiserlichen Truppen während der Wiener Türkenbelagerung 1683, dessen Land sie aber nie betreten sollte. Als ihr Gemahl Statthalter von Tirol und Vorderösterreich wurde, übersiedelte das Paar nach Innsbruck. Dort brachte sie ihre fünf Kinder zur Welt, darunter auch Leopold, den Vater von Franz Stefan von Lothringen, dem späteren Gemahl Kaiserin Maria Theresias.
Der Leichnam Eleonoras wurde ursprünglich in einem doppelten Holzsarg beigesetzt, da er nach Eintritt des Todes so rasch in Verwesung überging, daß er weder seziert noch einbalsamiert werden konnte.

Hölzerner, mit schwarzem Samt drapierter Innensarg der Eleonora Maria nach der Restaurierung.

Sarg von Ezh. Maria Anna Josefa.

[17] **Ezh. Maria Anna Josefa** *Wien 1654 †Wien 1689, Tochter aus 3. Ehe mit Eleonora Gonzaga; spätere Kurfürstin von Pfalz-Neuburg.
Ihr von **Christoph Rötter** gegossener Sarg gleicht dem ihrer Mutter [19] und unterscheidet sich nur durch das Monogramm MA von diesem. Am Deckel ist ein Kreuz mit Christus und „Maria mit sieben Schwertern", an den Ecken geflügelte Engelsköpfe.

Maria Anna Josefa, die jüngere der beiden Töchter Eleonoras, war mit dem späteren Kurfürsten Johann Wilhelm von Pfalz-Neuburg vermählt und wurde nur durch Zufall in Wien beigesetzt, da sie hier während eines Besuches an der Schwindsucht starb.

Die drei Gemahlinnen von Kaiser Leopold I.:

[20] Kaiserin Margareta Theresia [Margarita Teresa] [von Spanien], *Madrid 1651 † Wien 1673, Tochter Philipps IV. von Spanien und seiner 2. Gemahlin Maria Anna, einer Tochter Kaiser Ferdinands III.
Ihr Sarg wird von gekrönten Doppeladlern getragen und ist reich mit Reliefauflagen geschmückt. Er ist eine signierte Arbeit **Lothar Soms** aus dem Todesjahr der Kaiserin.

Diego Velasquez: Infantin Margareta Theresia im Alter von 5 Jahren. (Kunsthistorisches Museum, Wien).

Im Alter von nur 15 Jahren wurde Margareta Theresia ihrem kaiserlichen Onkel vermählt, vor allem, um dessen Erbansprüche an

Der Sarkophag von Kaiserin Margareta Theresia von Lothar Som.

Spanien aufrechtzuerhalten. Von dort brach sie zu Ostern 1666 in einem goldverzierten Schiff, mit großem Gefolge und in Begleitung von 34 Galeeren nach Genua auf, um auf dem Landweg ihren Weg in das kaiserliche Wien fortzusetzen, wo sie Anfang Dezember feierlich einzog. Es folgten in großem Stil inszenierte Hochzeitsfeierlichkeiten.

Nur 21-jährig verstarb Margareta Theresia im Kindbett. Der vom überraschenden Tod seiner Gemahlin zutiefst getroffene Kaiser versuchte sich musikalisch mit dem schweren Schicksalsschlag auseinanderzusetzten. Er zog sich einen Monat von allen öffentlichen Aufgaben zurück, um für die offiziellen Trauerfeierlichkeiten ein Requiem zu komponieren, eine posthume Liebeserklärung an seine Gemahlin, in der die Fünfzahl – die Zahl der Liebe – eine besondere Rolle spielte: Das Requiem wurde für fünf Solisten, fünf Chorstimmen, fünf Streichinstrumente, fünf Blasinstrumente und die Orgel komponiert.

- ***Kunsthistorisches Museum**: 3 Portraits der Infantin des spanischen Hofmalers Diego Velasquez*

[24] Kaiserin Claudia Felicitas [Claudia Felix] von Tirol

*Innsbruck 1653 †Wien 1676, Tochter von Herzog Ferdinand Karl von Tirol und Anna von Medici

In der Kapuzinergruft ruht nur **ihre Herzurne**. Es ist ein schmuckloses, kleines Zinnkästchen von **Lothar Som**.

Auf eigenen Wunsch wurde sie neben ihrer Mutter Anna von Medici in der Wiener Dominikanerkirche beigesetzt. (s. Dominikanerkloster, S. 198 ff)

[32] Kaiserin Eleonora Magdalena von [Pfalz-Neuburg]
*Düsseldorf 1655 †Wien 1720, Tochter des Kurfürsten Philipp Wilhelm von der Pfalz und Herzog von Neuburg und der Prinzessin Elisabeth von Hessen-Darmstadt

Die weitgeöffneten Schwingen von vier mächtigen Adlern tragen einen der bewegtesten und künstlerisch hochwertigsten Sarkophage der Leopoldsgruft. Reichverzierte Rokokokartuschen mit den Wappen des Reiches, Ungarns, Böhmens, Österreichs und Burgunds, darüber die Reichskrone und der österreichische Erzherzogshut zieren die Fußseite, Totenköpfe die Längsseiten. Ein stark profilierter Marmorsockel steigert die überaus theatralische Wirkung. Ursprünglich war die Kaiserin auf eigenen Wunsch nur in einem schlichten Doppelholzsarg mit der Aufschrift „Eleonora Magdalena Theresia, Arme Sünderin" neben ihrem kaiserlichen Gemahl Leopold beigesetzt worden. Ihre Enkelin Maria Theresia befand dies aber für eine Kaiserin wenig geziemend und beauftragte **Johann Georg Pichler** 1744 mit der Arbeit an einem repräsentativen Metallsarg, der aber offensichtlich keinen Anklang fand. Erst **Balthasar Moll** konnte mit seiner Ausführung aus dem Jahr 1755 seine Auftraggeberin zufriedenstellen. „Sie hat Gott in allem und alles in Gott gesucht und im Testament wollte sie Sünderin genannt und für eine solche gehalten werden", heißt es auf der Inschriftentafel.

Hölzerner Innensarg von Kaiserin Eleonora Magdalena, Aufnahme während der Restaurierungsarbeiten.

Kaiserin Eleonora Magdalena im Ornat der „Mägde Mariens" auf dem Totenbett.

Eleonora Magdalena hätte klösterliche Stille dem Prunk des kaiserlichen Hofes von Wien vorgezogen, gab aber schließlich 1676 dem Drängen des zweimal verwitweten Kaisers Leopold nach. Die sehr gebildete Frau wurde ihm eine wichtige Hilfe und übte starken Einfluß auf die Politik und das Leben bei Hofe aus, vergaß aber auch nicht, die Interessen ihrer eigenen Familie zu vertreten, die zu einer wichtigen Stütze der Habsburger im Reich gehörte.
In den 29 Jahren ihrer Ehe gebar sie dem Kaiser 10 Kinder, darunter die späteren Kaiser Josef I. [35] und Karl VI. [40]; Maria Elisabeth [38]; Maria Anna, Königin von Portugal [9]; Maria Magdalena [31]; Maria Josefa [16] und vier weitere Kinder, die in den Kolumbarien der Leopoldsgruft beigesetzt sind.
Nach dem Tod Leopolds widmete sie sich in großer Frömmigkeit der Armen- und Krankenpflege. Vor ihrem Tod ordnete sie an, nicht in prächtigem höfischen Gewand, sondern in der Tracht der „Mägde Mariens", in weißem Habit mit violettem Skapulier, eisernem Gürtel und schwarzem Schleier, beigesetzt zu werden. Es erfolgte auf ihren Wunsch auch weder Sezierung noch Einbalsamierung. Bei der Öffnung ihres Sarges 1993 fand man das bis dahin unbekannte Ordenszeichen der „Sklavinnen der Tugend": eine über ihr Kleid drapierte Schärpe mit emaillierter Plankette.
In der Kreuzkapelle der Kapuzinerkirche (S. 19) befindet sich heute noch die von ihr gestiftete Pietà von Peter Strudel. Sie war ursprünglich ein Teil des in der Karlsgruft aufgestellten Gruftaltares.

Sechs Nachkommen von Kaiser Leopold I.:

Aus der ersten Ehe mit Margareta Theresia:

[28] Ezh. Maria Antonia
*Wien 1669 †Wien 1692, spätere Kurfürstin von Bayern

Der überhohe Sarkophag mit steil abgeschrägtem Deckel fällt durch seine betonte Schlichtheit auf. An den Seitenwänden des Deckels ist das Namensmonogramm der Herzogin eingearbeitet: M.A.C.I.B., Maria Anna, Kurfürstin in Bayern. Der Sarg stammt aus der Werkstatt des Münchner Meisters **Thomas Koch**.

Maria Antonia (auch Margarita Antonia) war das einzige überlebende Kind ihrer jungverstorbenen Mutter Margareta Theresia. Schon im Alter von sieben Jahren wurde sie ihrem Onkel Karl II. von Spanien verlobt, der jedoch jung starb. Die 1685 geschlossene politische Verbindung mit dem lebenslustigen Barockfürsten Kurfürst Max II. Emanuel von Bayern war nicht glücklich. Als ihr Mann 1692 Generalstatthalter der Niederlande wurde, begab sie sich nach Wien, um am Hofe ihres Vaters ihr erstes Kind zur Welt zu bringen. Sie verschied zwei Monate nach der Entbindung an den Folgen eines Kindbettfiebers – nicht ohne ihren Gatten vorher enterbt zu haben!

Aus der dritten Ehe mit Eleonora Magdalena

[26] Ezh. Leopold Josef
*Laxenburg bei Wien 1682 †Wien 1684

Obwohl in dem vom bürgerlichen Zinngießer **Johann Philipp Stumpf** entworfenen Sarg ein Kleinkind beigesetzt ist, hat der Sarg normale Größe. Von der Form her schlicht, äußert sich das barocke Element allein im üppigen Schmuck.
Die Seitenwände weisen zwei besonders prächtige, von Laubwerk eingefaßte Reliefs auf: die Auferstehung Christi und die Erweckung des Lazarus. Laubwerk umrankt auch das vom

Sarkophag von Ezh. Leopold Josef.

Erzherzogshut überhöhte Wappenschild und die Schrägkanten des Deckels. Die Puttenköpfe an den Ecken und der Löwenkopf mit dem gewundenen Tragring bringen weitere Bewegung in die sonst so ruhige Sargform.

Detail der Seitenansicht vom Sarg Ezh. Leopold Josefs.

[9] Ezh. Maria Anna *Wien 1683 †Lissabon 1754, Königin von Portugal (**nur Herzurnenepitaph**)

Der mit reicher Rokoko-Ornamentik versehene Herzurnenepitaph der portugiesischen Königin befindet sich unmittelbar vor den Kolumbarien der Leopoldsgruft.
Ihre übrigen sterblichen Überreste liegen in der Kirche der Barfüßigen Karmeliter in Lissabon neben denen ihres Gatten Johann V. bestattet. Nur ihr Herz wurde von ihrem Beichtvater nach Wien gebracht. **Balthasar Moll** schuf die prächtige Arbeit in Zinnguß.
Den Unterbau ziert eine Doppelkartusche mit den Wappen Österreichs und Portugals und den jeweiligen Kronen. Die Herzurne selber steht auf einer von der portugiesischen Krone überragten Inschriftentafel.

Wie auch ihr Vater hochmusikalisch, wirkte Maria Anna an barocken Opernaufführungen des Wiener Hofes mit und zeichnete sich als gerühmte Tänzerin bei höfischen Balletten aus. 25-jährig wurde sie mit König Johann V. „dem Großmütigen" vermählt, dessen Regierung sich durch eine lange Friedenszeit auszeichnete.

[25] Ezh. Maria Theresia
*Wien 1684 †Ebersdorf bei Wien 1696

Was den schlichten Sarkophag, eine Arbeit von **Johann Philipp Stumpf**, auszeichnet, sind nicht nur die geflügelten unterkieferlosen Totenköpfe auf dem Sargunterteil, sondern vor allem

Eines der Medaillons von der Längsseite des Sargdeckels von Ezh. Maria Theresias.

Deckel des Sarkophages von Ezh. Maria Theresia.

die je drei feingravierten Medaillons mit Vergänglichkeitsmotiven an den Längsseiten des Deckels, die sich auf den frühen Tod der Erzherzogin beziehen.

Maria Theresia starb im Alter von 12 Jahren in Ebersdorf bei Wien an den Blattern, weshalb bei der Beisetzung in der Gruft auf eine letzte Öffnung des Sarges wegen Ansteckungsgefahr verzichtet wurde.

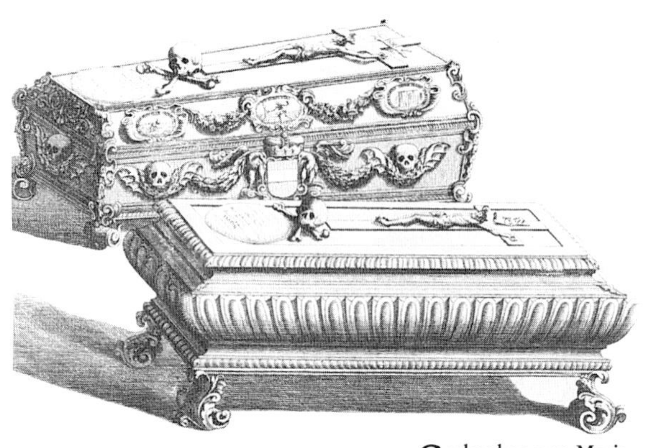

Sarkophag von Maria Theresia [25], Tochter von Leopol I. (oben) und von Ezh. Maria Josefa [16] (unten), Stich von Salomon Kleiner.

[16] Ezh. Maria Josefa
*Wien 1687 †Wien 1703

Der sehr markante Sarkophag, eine signierte Arbeit **Johann Philipp Stumpfs**, ist hinsichtlich Form und Dekor ohnegleichen in der Gruft. Er ist barock geschwungen, hat ein gekehltes Gesimse und einen mit Blattwerk und Pfeifen verzierten Deckel. Pfeifen und Blattwerkornamente dominieren auch an den bauchigen Wänden. Er steht auf vier geschnörkelten Blattwerkfüßen. Die Inschrift (in lateinischer Sprache) beginnt mit einem „Höre, du Tod! Was hast du im österreichischen (Lust)garten angerichtet, oh du böser Gärtner. Gerade im Frühling, wo überall die Blumen sprießen, ließest du eine ob ihrer Abstammung, Schönheit und Tugend edle Rose verwelken..." Wie ihre um drei Jahre ältere Schwester Maria Theresia starb auch sie an den Blattern.

[31] Ezh. Maria Magdalena *Wien 1689 †Wien 1743

Ihr Sarg war ursprünglich von **Johann Georg Pichler** angefertigt worden, wurde aber 1755 auf Geheiß Kaiserin Maria Theresias durch einen neuen von **Balthasar Moll** ersetzt.

Wenig ist über die zurückgezogen lebende und unverheiratet gebliebene Erzherzogin bekannt, außer daß sie ein besonders inniges Verhältnis zu ihrer Nichte Maria Theresia hatte. Sie starb 54-jährig an einer Lungenentzündung.

Die zwei jungverstorbenen Kinder Kaiser Karls VI.:

[30] Ezh. Leopold Johann *†Wien 1716; letzter männlicher Sproß des Hauses Habsburg

Der aus dem Jahr 1740 stammende hochbarocke, bauchig geschweifte Kindersarkophag wurde auf Anweisung Kaiser Karls VI. vom Salzburger Zinngießer **Hans Georg Lehrl** angefertigt und zieht durch seine unkonventionelle, bauchige Form sofort die Aufmerksamkeit des Besuchers auf sich. Über dem reichgeschmückten Deckel liegt ein in bewegte Falten geworfener Hermelinmantel, darüber auf einem Polster der österreichische Erzherzogshut. Ungewöhnlich hohe Löwenpranken tragen die Last des Sarges.

1716 trug Kaiser Karl VI. seinen einzigen Sohn, den knapp sieben Monate alten Leopold Johann, zu Grabe. „Ach, der Schmerz des Kaisers ist leichter zu erraten als mit Worten zu schildern", heißt es auf der Inschriftentafel. Mit Leopold Johann starb das Haus Habsburg im Mannesstamm aus. Da es sich bei dem jungen Prinzen um den Erstgeborenen handelte, wurde sein Leichnam trotz des zarten Alters von den kaiserlichen Leibärzten seziert und einbalsamiert und in einem silberdurchwebten Kleid auf einem Brokatkissen auf dem Paradebett aufgebahrt. Herz und Intestina wurden in zwei getrennten Behältern nach St. Stephan überführt.

[23] Ezh. Maria Amalia *Wien 1724 †Wien 1730

Ihr bauchig geschweifter Kindersarg steht dem ihres frühverstorbenen Bruders Leopold schräg gegenüber. Anders als dieser ist er von seinem Schöpfer **Hans Georg Lehrl** signiert.

Sarkophag von Ezh. Maria Amalia, Schwester von Kaiserin Maria Theresia.

Karlsgruft

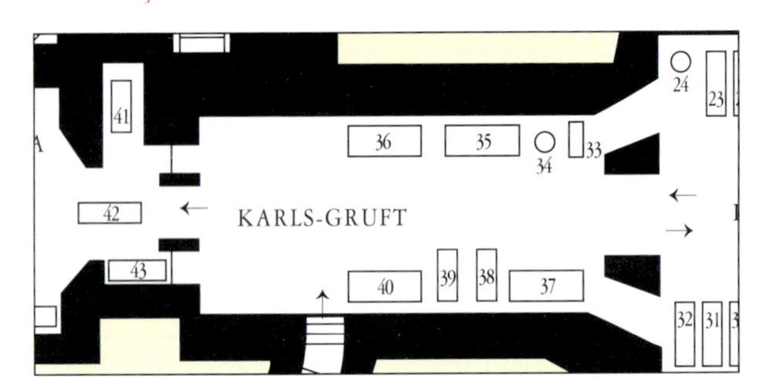

Sie ist die erste Gruft, die man über die Stiege vom Klostergang aus betritt und fasziniert gleich durch einige der schönsten Arbeiten der Kaisergruft. Sie befindet sich direkt unter dem Altarbereich und dem Mönchschor der Kapuzinerkirche und ist daher um einiges schmäler als die ältere, unter dem breiteren Kirchenschiff gelegene Leopoldsgruft, von der sie durch drei Rundbögen getrennt ist.

Die Wände sind durch profilierte Pilaster und Doppelpilaster gegliedert, das flache Tonnengewölbe durch stuckierte Gurten. Dabei fällt eine Uneinheitlichkeit in der Gewölbegestaltung auf: Der östliche, an die Leopoldsgruft anschließende Teil der Karlsgruft, schließt mit einem Stichkappengewölbe ab. Wahrscheinlich reichte bis hierher die 1701 noch unter Leopold I.

begonnene und wahrscheinlich von Josef I. beendete Erweiterung der kaiserlichen Begräbnisstätte durch die Karlsgruft.

Eine kleine, schon 1627 geweihte Kapelle unter dem Klosterchor wurde damals auch miteinbezogen, womit sich die Kaisergruft jetzt unter dem gesamten Kirchenraum erstreckte.
An Stelle des ursprünglichen Abgangs vom Kloster in die Mönchskapelle wurde eine neue Gruftstiege angelegt. Bis zu diesem Zeitpunkt konnte man die Gruft nur von der Kirche aus erreichen und zwar über einen Abgang, der sich heute noch gegenüber der Gründergruft befindet. Finanziert wurde der 1720 abgeschlossene Erweiterungsbau der Kaisergruft zum Großteil aus Mitteln der schlesischen Salzsteuer. Einiges spricht dafür, daß **Lukas von Hildebrandt** die Pläne sowohl für den Gruftzubau als auch für die Sarkophage Leopolds I. und Josefs I. lieferte.

Ansicht der Karlsgruft von der Maria Theresia Gruft.

Insgesamt ruhen in der Karlsgruft acht Habsburger:
- **Kaiser Leopold I. [37]**
- **Kaiser Josef I., Gemahlin** [nur Herz] **und Sohn [33 – 35]**
- **Kaiser Karl VI. und Gemahlin [40, 36]**
- **Ezh. Maria Elisabeth,** Tochter Kaiser Leopolds I. **[38]**
- **Ezh. Maria Anna,** Tochter Kaiser Karls VI. **[39]**

[37] Kaiser Leopold I. *Wien 1640 †Wien 1705 (röm.-dt. Kaiser 1657–1705) Sohn von Kaiser Ferdinand III. und seiner 3. Gemahlin Eleonora Gonzaga

Bei seinem reich profilierten Truhensarg, dessen Entwurf wahrscheinlich von **Lukas von Hildebrandt** stammt, zeigt sich eine vornehme hochbarocke Gestaltungsfreudigkeit. Ausführender Künstler war der Bildhauer **Tobias Kracker**. Der Guß wird **Johann Philipp Stumpf** zugeschrieben.

Leopold war einer der bedeutendsten Barockfürsten Europas, Begründer der österreichischen Großmachtstellung und Weichensteller für zukünftige Entwicklungen in Mitteleuropa. Unter ihm wurde Wien eine Stadt der barocken Kunst und Architektur, aber auch des barocken Theaters und der italienischen Oper, der großen Leidenschaft des Kaisers, der der Nachwelt über 200 geistliche und weltliche Kompositionen hinterlassen hat.

Seitenansicht des Sarges von Kaiser Leopold I.

- ***Schloß Schönbrunn*** *(errichtet anstelle des alten Jagdschlosses Katterburg)*
- ***Peterskirche*** *(Stiftung Leopolds I. als Schutzherr der Dreifaltigkeitsbruderschaft, der damals größten und bedeutendsten Laienbruderschaft)*
- ***Pestsäule*** *(Zu Ehren der Dreifaltigkeit und als Dank für das Ende der großen Pestepidemie des Jahres 1679)*

Frontansicht des Sarges von Leopold I.

[35] Kaiser Josef I. *Wien 1678 †Wien 1711 (röm.-dt. Kaiser 1705–1711), ältester Sohn von Kaiser Leopold I. und seiner 3. Gemahlin Eleonora Magdalena von Pfalz-Neuburg

Mit seinen vollplastischen Putten und Allegorien, Bildnismedaillons und Schlachtendarstellungen entsprach der Entwurf dieses überdimensionalen Sarkophags, der mit großer Sicherheit **Lukas von Hildebrandt** zuzuschreiben ist, ganz dem Geschmack barocker Staatsrepräsentation. Der langgestreckte Truhensarg, dessen Inschriftentafeln versilbert sind, ruht auf vier Harnischen, aus deren geöffneten Visieren Totenschädel blicken. Die Wände zieren Schlachtenszenen aus dem Spanischen Erbfolgekrieg.
Darüber befinden sich von lorbeerbekränzten Totenköpfen überhöhte versilberte Inschriftenkartuschen, darunter Kriegstrophäen. Den Deckel selbst ziert ein Polster mit Kaiserkrone, über die ein Putto einen Lorbeerkranz senkt. Ein zweiter Putto hält das Brustbildmedaillon des jungen Kaisers und verkündet mit seiner Tuba den Ruhm seines Herrn.

Schlachtszene auf der Vorderseite seines Sarkophags: die Befreiung Turins.

Der auf dem Vorderteil des Sarges dargestellte Sieg des kaiserlichen Feldherrn Prinz Eugen über die Franzosen bei Turin 1706 stellte nur einen Meilenstein in den politischen Ambitionen des Kaisers dar, dessen kurze Regierung von dynastischem Sendungsbewußtsein und Expansionswillen getragen war. Prinz Eugen war ihm ein genialer Feldherr, Ratgeber und Freund. Der frühe Tod des an Blattern erkrankten Kaisers gab der österreichischen Politik eine andere Richtung: Spanien mußte aufgeben werden. Außerdem mußten alle Kräfte in den Dienst der Kontinuität des Hauses Habsburg gestellt werden, Josef hatte keinen männlichen Erben hinterlassen.

• ***Josefs- oder Vermählungsbrunnen*** *auf dem Hohen Markt*

[34] Kaiserin Amalia Wilhelmina (auch Wilhelmina Amalia) von Braunschweig-Lüneburg *Lüneburg 1673 †Wien 1742, Gemahlin Kaiser Josefs I.; Schwiegermutter Kaiser Karls VII. aus dem Hause Wittelsbach

Herzurne von Kaiserin Amalia Wilhelmina.

Rechts neben dem monumentalen Sarg Josefs I. steht die aus schwarzem Marmor in Form eines Doppeladlers gearbeitete Herzurne seiner kaiserlichen Gemahlin Amalia Wilhelmina, auf der Brust des Adlers die einst aus Gold, später aus Messing gearbeitete „Herzkapsel". Ihrem Vermächtnis gemäß wurde ihr Körper unter dem Hochaltar der Kirche Mariae Heimsuchung in dem von ihr gestifteten **Salesianerinnenkloster** (s. S. 202) am Rennweg beigesetzt. Nur ihr Herz ließ sie gemäß der lateinischen Inschrift auf dem Sockel der Herzurne „ihrem allerliebsten Gemahl zu Füßen legen". Ihr einziger Sohn Leopold Josef (†1700) [33] ruht neben ihr. Er war eine Woche nach der Geburt an einem Wasserkopf gestorben.

Amalia Wilhelmina wurde als jüngste Tochter des 1651 zum Katholizismus konvertierten Herzogs Johann Friedrich von Braunschweig-Lüneburg, Begründer des Hauses Hannover, geboren. In Paris lernte die spätere Kaiserin die „Schwestern der Heimsuchung" kennen, die sie in Wien ansiedelte. 1699 fand die Vermählung mit Josef I. statt.
Eine venerische Krankheit, mit der sie ihr Gemahl angesteckt hatte, verdüsterte das Eheleben und erlaubte ihr, nur drei Kindern das Leben zu schenken: Maria Josefa, der späteren Gemahlin des sächsischen Kurfürsten Friedrich August II. (als polnischer König August III.) und Mutter Herzog Alberts von Sachsen-Teschen [111]; Leopold Josef [33], der kaum einjährig starb; und Maria Amalia, der späteren Gemahlin Kurfürst Karl Albrechts von Bayern, der als Kaiser ***Karl VII.*** *in die Geschichte einging.*
Nach dem Tod ihres Gemahls zog sie es vor, sich in das von ihr gestiftete Salesianerinnenkloster zurückzuziehen, wo sie auch auf eigenen Wunsch beigesetzt wurde.

- ***Salesianerinnenkloster*** *auf dem Rennweg*

[4o] Kaiser Karl VI.
*Wien 1685 †Wien 1740 (röm.-dt. Kaiser 1711–1740), 2. Sohn von Kaiser Leopold I. und Eleonora Magdalena von Pfalz-Neuburg

Sein Sarg ist einer der überragendsten künstlerischen Leistungen der Gruft. Die Entwürfe stammen von **Johann Bernhard Fischer von Erlach, Daniel Gran und Michael Rottmayr** und wurden von den kaiserlichen Zinngießern **Johann Georg Pichler** und **Johann Nikolaus Moll** ausgeführt. Der Deckel wird von einer Allegorie der den Tod des Kaisers betrauernden Austria bekrönt. Mit der Rechten hält sie ein über einer Weltkugel in den Wolken schwebendes Bildnismedaillon des Kaisers hoch, darüber, ebenfalls von einem Wolkenensemble gehalten, ein Stern und eine zu einem Ring geschlossene Schlange als Ewigkeitssymbol.
Durch spätere Ergänzungsarbeiten von **Balthasar Moll** aus dem Jahre 1753 – Kaiserin Maria Theresia befand, der Sarg ihres Vaters wäre im Vergleich zum Sarg ihrer Mutter nicht prächtig genug – kamen dann an Stelle der zarten Rocaillen an den Ecken gekrönte Totenköpfe als Vergänglichkeitssymbole dazu, ebenso zwei Reliefkartuschen als Schmuck der Sargwände. Das Relief, das die dem Besucher zugewandte Längsseite ziert, stellt die Schlacht von Saragossa von 1710 dar – Schlachtenformationen und wehende Standarten, sterbende Soldaten und sich aufbäumende

Der prunkvolle Sarg von Kaiser Karl VI.

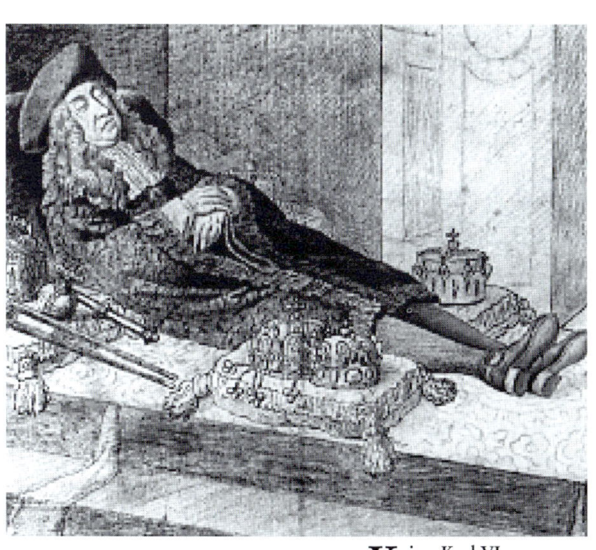

Kaiser Karl VI. am Totenbett, Zeichnung von Salomon Kleiner.

Pferde, Pulverdampf und fanfarenblasende Reiter vor den Türmen der Stadt verleihen der Darstellung Dramatik und Lebendigkeit –, das an der Wandseite angebrachte Relief die Schlacht Prinz Eugens um Belgrad von 1717. Beide Reliefs sind Symbole der außenpolitischen Ambitionen Karls.
Seine Kronen und die Wappen seiner Länder begleiten den Kaiser auch im Tod: links vorne die Krone des Heiligen Römischen Reiches, dahinter die von Ungarn (wobei an ihrer Stelle bei einer Restaurierung fälschlich die böhmische Krone angebracht wurde!), rechts vorne die Krone Kastiliens, dahinter die Böhmens. Auf zwei Kissen liegen der österreichische Erzherzogshut, Szepter, Schwert, Collane des Ordens vom Goldenen Vlies und weitere kaiserliche Würdezeichen. Vor dem vorderen Reliefbild fand Balthasar Moll noch Platz für die habsburgische Hauskrone. Unter den Reliefs breiten gekrönte Doppeladler mit Szepter und Schwert ihre Schwingen aus. Die Signatur Nikolaus Molls finden wir auf dem linken Knie der Austria, die Balthasar Molls links der Schlachtenszene.

Karl war vom Vater ausersehen worden, das „Spanische Erbe", das heißt Spanien und seine Kolonien, nach dem Tod des letzten spanischen Habsburgers, Karl II., zu übernehmen. Dank der Erfolge Prinz Eugens und der Seemächte unter der Leitung des Herzogs von Marlborough war es Karl auch gelungen, in Spanien als Karl III. Fuß zu fassen und „sein Erbe" gegen seinen Rivalen, den Bourbonen Philipp, zu verteidigen. Der frühe Tod seines kaiserlichen Bruders Josef und der dadurch motivierte Seitenwechsel der Seemächte führte zum Verlust Spaniens. Als „Spanier" nach Wien zurückgekehrt, führte Karl das spanische Hofzeremoniell ein,

beauftragte den Bau der Winterreitschule (heute Spanische Reitschule am Josefsplatz) und den Ausbau des Augustinerchorherrnstifts Klosterneuburg bei Wien zu einer Kloster-Residenz nach dem Vorbild des Escorial, ein Projekt, das nur in Ansätzen verwirklicht wurde. Die von ihm gestiftete Karlskirche wie auch der Prunksaal der ehemaligen Hofbibliothek (heute Nationalbibliothek, Eingang Josefsplatz) tragen seine Wappensymbole, die „Säulen des Herkules", Symbole seines über Europa hinausgehenden Weltherrschaftsanspruchs. Neben seinen künstlerischen Neigungen und seinem großzügigen Mäzenatentum hatte Karl auch ausgeprägte merkantile Interessen, gründete überseeische Handelsgesellschaften, erklärte Triest und Fiume zu Freihandelshäfen und ließ Fernverkehrsverbindungen wie die Triesterstraße anlegen. Unter seiner Regierung erreichte Österreich seine größte Ausdehnung. Da ihm ein männlicher Erbe versagt blieb, war er gezwungen, aufgrund der ***Pragmatischen Sanktion****, die er schon 1713 zum Staasgrundgesetz erhoben hatte, seine älteste Tochter als Erbtochter einzusetzen, was den alten und kranken Prinz Eugen zu der Warnung veranlaßte:*

Miniatur in der Wiener Präsidentschaftskanzlei (von links nach rechts): Leopold I., †1705; Eleonora Magdalena, †1720; Karl VI., †1740; Elisabeth Christina †1750.

"Eure Majestät, Ihre Erbin würde besser fahren, wenn Sie ihr kein papierenes Gesetz über die weibliche Nachfolge, wohl aber 100.000 Mann wohlbewaffneter Soldaten und eine gefüllte Schatzkammer hinterließen."

Karl starb in seiner Lieblingsresidenz, dem Lustschloß Favorita, an einer Erkältung, die er sich während einer Jagd zugezogen hatte.

- ***Karlskirche***
- ***Prunksaal der Nationalbibliothek*** *(1724–26), Eingang Josefsplatz*
- ***Augustiner-Chorherrnstift Klosterneuburg****, 18 km nördlich von Wien*
- ***Spanische Reitschule in der Hofburg****, Eingang neben Schweizertor*

[36] Kaiserin Elisabeth Christina [von Braunschweig-Wolfenbüttel]

*Wolfenbüttel 1691
†Wien 1750,
Tochter von Herzog Ludwig Rudolf von Braunschweig-Wolfenbüttel und Christina Luise von Öttingen

1751 hatte Kaiserin Maria Theresia bei ihrem Lieblingszinngießer **Balthasar Moll** den Prunksarkophag für die von ihr hochverehrte Mutter anfertigen und in der Gruft aufstellen lassen. Statt auf Löwen wie bei ihrem Vater ruht der Sarg auf den geöffneten Schwingen von vier Adlern, verschleierte Frauenköpfe zieren ihn an den Ecken, ein Bildnis der Kaiserin, von einem Putto und einer geflügelten Frauengestalt hochgehalten, bekrönt das Werk. Das von üppigem Rankenwerk eingefaßte Frontrelief erinnert an die Brautfahrt Elisabeth Christinas von Wien nach Barcelona, wo sie 1708 mit König Karl III. von Spanien (dem späteren Kaiser Karl VI.) vermählt wurde.

Prunksarkophag der Kaiserin Elisabeth Christina.

Verschleierte Allegorie der Trauer am Sarg Elizabeth Christinas.

Um in das Erzhaus einheiraten zu können, mußte Elisabeth Christina zum katholischen Glauben übertreten. Obwohl von ihrem Mann von politischen Angelegenheiten ferngehalten, erwies sie sich als seine kluge und diplomatisch begabte Stellvertreterin, als Karl durch den Tod des älteren Bruders nach Österreich zurückkehren mußte. Zwei Jahre blieb sie als Generalkapitän in Barcelona. Erst 1713 räumte sie die Stellung, um ihre Aufgaben am Wiener Hof wahrzunehmen. Entschlußkraft und Entscheidungsfreudigkeit zeichneten sie auch hier aus, Eigenschaften, die später zu einem Markenzeichen ihrer Tochter Maria Theresia werden sollten. Elisabeth Christina schenkte vier Kindern das Leben: Leopold Johann [30], dem letzten männlichen Sproß des Hauses Habsburg, der im Alter von sechs Monaten starb; der Thronfolgerin Maria Theresia [55]; Maria Anna [39] und Maria Amalia [23].

[38] Ezh. Maria Elisabeth *Linz 1680 †Schloß Mariemont bei Marlanwetz/Hennegau 1741, Tochter von Kaiser Leopold I. aus seiner dritten Ehe mit Eleonora Magdalena; Statthalterin der Niederlande

Nachdem der erste Sarg von **Balthasar Moll** aus dem Jahr 1752 nicht die Zustimmung Kaiserin Maria Theresias gefunden hatte, vollendete derselbe Künstler 16 Jahre später einen neuen, in dem die Statthalterin der Niederlande auch heute noch zu Füßen ihres Vaters ruht. Der spätbarocke Sarkophag ist reichgeschmückt: den Deckel ziert eine üppig in Falten gelegte, mit Arabesken überzogene Decke mit dem beliebten Ewigkeitssymbol, der zu einem Kreis geschlossenen Schlange.

Ezh. Maria Elisabeth.

*Die unverheiratete Erzherzogin wurde als **Nachfolgerin von Prinz Eugen** von ihrem Bruder Kaiser Karl VI. [40] als Statthalterin der Niederlande eingesetzt.*
*Die Provinzialstände waren so begeistert, daß ihre Statthalterin ihre Residenz im Land selbst aufschlug, daß sie sich entschlossen, ihr eine äußerst großzügige Apanage zur Verfügung zu stellen Dies ermöglichte ihr eine reiche Hofhaltung mit etwa 250 Personen und die Förderung des Musiklebens in Brüssel. Bei ihren Untertanen war die volksnahe Landesmutter sehr beliebt, wenn ihre Politik auch nicht immer die Zustimmung des Wiener Hofes fand. Als sie hochbetagt 1741 starb, wurde sie vorerst im Dom von **Ste. Gudule in Brüssel** beigesetzt, 1749, nach dem Ende des Österreichischen Erbfolgekriegs, jedoch nach Wien überführt.*

[39] Ezh. Maria Anna
*Wien 1718 †Brüssel 1744, Tochter von Kaiser Karl VI.; Schwester Kaiserin Maria Theresias

Ihr ebenfalls von **Balthasar Moll** entworfener Sarg steht direkt neben dem ihres Vaters. Er ist stilistisch dem ihrer Tante Maria Elisabeth [38] sehr ähnlich und unterscheidet sich nur durch die beiden in bewegte Kartuschen eingefaßten Wappen: ihrem österreichischen und dem lothringischen ihres Gatten.

Hochzeitsfeierlichkeiten in der Winterreitschule der Hofburg anläßlich der Vermählung von Ezh. Maria Anna und Prinz Karl von Lothringen.

Mit ihrer um ein Jahr älteren Schwester Maria Theresia wuchs „Nannerl" gemeinsam in Wien auf und verliebte sich wie diese in einen lothringischen Prinzen, in Karl, den jüngeren Bruder Franz Stefans [56]. Aber erst 1744 konnte sie nach langem Widerstand ihrer Mutter mit ihrem Gemahl, dem Statthalter der Niederlande, in seiner Residenzstadt Brüssel einziehen. Dem Eheglück war keine lange Dauer beschert. Maria Anna starb an den Folgen einer Totgeburt. Ursprünglich gemeinsam mit ihrem Kind im ***Dom von Brüssel*** *beigesetzt, wurde sie auf Geheiß Maria Theresias gemeinsam mit Maria Elisabeth (38) nach Wien in die Kaisergruft überführt. Ihre unbenannte Tochter ruht in der Maria Theresia-Gruft [47].*

Maria Theresia-Gruft

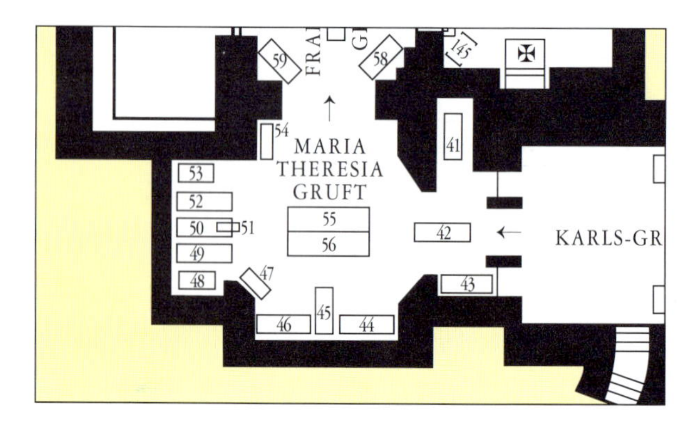

Das Prunkmausoleum Maria Theresias ist als Gesamtkunstwerk der glanzvollste und architektonisch interessanteste Zubau zur Kaisergruft und bildet seit dem Abschluß sämtlicher Erweiterungsarbeiten gleichsam ihr Herzstück.
Maria Theresia war erst 31 Jahr alt, als sie 1748 den Auftrag zur Vergrößerung der Gruft gab. Die einzige Möglichkeit einer Erweiterung bestand in einem über den Mönchschor der Kirche hinausgehenden Zubau. Die erste Bauausführung fand nicht die Zustimmung der Kaiserin und mußte wieder abgetragen werden.
Erst der 1753 vollendete Zentralbau des aus Lothringen stammenden und von Kaiser Franz I. Stefan als Hofarchitekten nach Wien berufenen **Jadot de Ville-Issey** mit der repräsentativen, bis in den zweiten Stock des Klosters reichenden Ovalkuppel konnte die Bauherrin zufriedenstellen. Die Bauzeit betrug nur wenige Monate. Noch im selben Winter wurde das Kuppelfresko von **Josef Ignaz Mildorfer**, einem Schüler Paul Trogers, vollendet. Es stellt die Vision des Erzengels Ezechiel von der Auferweckung der Toten dar. 1754 war der Doppelsarkophag Maria Theresias und ihres Gemahls fertiggestellt. „Hier sollte einmal gut ruhen sein", hat Maria Theresia gesagt.

Insgesamt liegen in der Maria Theresia-Gruft 16 Personen bestattet:

- **Kaiser Franz I. Stefan und Kaiserin Maria Theresia [55/56]**
- **sechs ihrer frühverstorbenen Kinder [43, 44, 45, 46, 48, 53]**
- **ihr ältester Sohn und Nachfolger Kaiser Josef II. und seine zwei Gemahlinnen [42, 50, 49]**
- **drei Enkelinnen und die unbenannte Tochter ihrer Schwester Maria Anna [52, 54, 51, 47]**
- **Gräfin Fuchs-Mollardt [41]**

Zusammentreffen der Welt des Barocks mit der Welt der Aufklärung. Maria Theresia-Gruft.

Ursprünglich ruhten an der Seite des Kaiserpaares noch vier weitere seiner Nachkommen, teilweise mit Ehegatten. Sie wurden nach Erweiterung der Kaisergruft in die Toskana- bzw. die Neue Gruft verlegt: **Maria Karolina [107]**, **Maria Christina [112]** mit Gemahl **Albert von Sachsen-Teschen [111]**, **Ezh. Ferdinand Karl [105]** und **Maria Beatrix von Modena [106]** sowie **Ezh. Maximilian Franz [118]**.

Vier Töchter des Kaiserpaares wurden überhaupt nicht in der kaiserlichen Familiengruft beigesetzt: **Ezh. Maria Anna** („Marianne" 1738–1789) war von ihrem Bruder Kaiser Josef II. von Wien nach Prag verbannt worden, wo sie Äbtissin des von Maria Theresia gegründeten adeligen Damenstiftes wurde.

Blick in die Maria Theresia-Gruft: der kaiserliche Doppelsarkophag.

Sie starb in Klagenfurt, wo sie im Elisabethinenkloster ihre letzte Ruhestätte fand. **Ezh. Maria Elisabeth** (1743–1808) war Äbtissin in Innsbruck. Sie starb in Linz und wurde in der dortigen Jesuitenkirche beigesetzt. **Ezh. Maria Amalia** (1746–1804), Herzogin von Parma, war das einzige Kind Maria Theresias, das sich dem Einfluß der Mutter bis zum endgültigen Bruch entzog. Nach ihrer Vertreibung aus Parma zog sie sich nach Prag zurück, wo sie im Veitsdom bestattet wurde. **Ezh. Maria Antonia** (1755–1793) war die jüngste Tochter Maria Theresias. 15-jährig dem französischen König Ludwig XVI. vermählt, ist sie der Welt besser bekannt unter dem Namen Marie Antoinette, unter dem sie auch auf dem Platz der Revolution hingerichtet und in St. Denis in Paris beigesetzt wurde.

[55/56] Der kaiserliche Doppelsarkophag

Der in reinem Rokokostil gearbeitete Doppelsarkophag von Kaiser Franz I. Stefan und seiner Gemahlin Maria Theresia ist der monumentalste Sarg der gesamten Kaisergruft. Er mißt über drei Meter in der Länge, zwei Meter in der Breite und ohne Figurenschmuck zwei Meter in der Höhe. Über dem besonders reich profilierten Sockel aus rotem Marmor erhebt sich der nur wenig gebauchte Riesensarg auf sechs gewaltigen Schnörkelfüßen und zwei die Mitte stützenden Adlern. Der Sarkophagdeckel ist als prunkvolles Totenbett gestaltet, von dem sich das überlebensgroße Kaiserpaar, von einem Genius mit Posaune erweckt, zur Auferstehung erhebt. Die Kaiserin trägt ein mit Perlen und Steinen besetztes Galakleid, der Kaiser römische Imperatorenrüstung. Gemeinsam halten sie ein Szepter, Sinnbild der gemeinsam getragenen Regierungsgewalt.

Prunksarkophag von Maria Theresia und Kaiser Franz I. Stefan.

Trauernde Frauen mit Wappenschildern zieren die Ecken. Die Kronen in ihren Händen stehen für das Heilige Römische Reich, die Königreiche Böhmen und Ungarn und das Königreich Jerusalem (ein Helm mit Dornenkrone, Hinweis auf die Mission des Hauses Habsburg als Schutzmacht der Christenheit). Auf der linken, der Wand zugewandten Sarkophagseite ist der Einzug Franz Stefans als Großherzog von Toskana in Florenz 1739 und sein Krönungszug in Frankfurt 1745 als Relief ausgefertigt zu sehen, die gegenüberliegende Seite verewigt Maria Theresias „Ritt über den Krönungshügel" anläßlich ihrer Krönung zum

Krönung Maria Theresias zur Königin von Böhmen im Veitsdom zu Prag, 1743, Reliefausschnitt auf dem Doppelsarkophag.

König von Ungarn in Preßburg (Bratislava/ Pozsony) im Jahr 1741 und ihre Krönung zur Königin von Böhmen im Prager Veitsdom 1743.

An der Schmalseite zu Häupten des Herrscherpaares zwei Rokokokartuschen mit Inschriften, darüber die habsburgische und die lothringische Krone, darunter ein rocaillenumrahmter Totenkopf.

An der Fußseite befindet sich ein in reiches Blumenrokoko gerahmtes Schlachtenrelief, das den Rheinübergang Karls von Lothringen, eines Bruders des Kaisers, darstellt. Darüber ein lorbeergeschmücktes kleines Bildnismedaillon der Tochter Maria Karolina [107]. Der Sarkophag ist ein Werk von **Balthasar Moll**, aus dessen Werkstatt alle anderen 13 Sarkophage dieser Gruft stammen – mit Ausnahme des schlichten Kupfersargs von Kaiser Josef II. [42].

[55] Kaiserin Maria Theresia *Wien 1717 †Wien 1780, Tochter von Kaiser Karl VI. und Elisabeth Christina von Braunschweig-Wolfenbüttel; Erzherzogin von Österreich, regierende Königin von Böhmen und König von Ungarn

Maria Theresia war eine der größten Herrscherpersönlichkeiten Europas und die einzige Frau, die jemals an der Spitze des Hauses Habsburg stand. Ihre 40-jährige Regierungszeit hat nicht nur eine politisch, wirtschaftlich und kulturell sehr vielschichtige Epoche

Kaiser Franz I. Stefan und Maria Theresia mit elf Kindern, von Martin von Meytens d.J. (um 1752).

Maria Theresia und Franz I. Stefan mit ihren drei jüngsten Kindern Ferdinand, Maria Antonia und Maximilian, um 1760.

umspannt, sondern auch die Grundlage für zukünftige Entwicklungen in Mitteleuropa gelegt. Gleichzeitig war sie Leitfigur einer neuen Staatsidee und eines neuen Selbstverständnisses Österreichs.

Obwohl Maria Theresia an der Krönung Franz Stefans in der Bartolomäus Stiftskirche zu Frankfurt am Main zum römisch-deutschen Kaiser nur als Zuschauerin teilnahm und sich selbst nicht krönen ließ, daher auch im formal-juridischen Sinne keine Kaiserin war, lag die politische Macht fast ausschließlich in den Händen der „Kaiserin", als welche sie sich zeitlebens selbst bezeichnete. Durchgreifende Reformen im Sinne des aufgeklärten Absolutismus in Bereichen der Verfassung, der Verwaltung, des Strafrechts, der Bildung und der Wirtschaft garantierten Frieden im Inneren und Gesamtstaatlichkeit im Sinne der Pragmatischen Sanktion nach außen. Außenpolitisch gelang es ihr, nicht zuletzt durch eine durchgreifende Heeresreform, ihren größten politischen Widersacher, Friedrich II. von Preußen, in die Schranken zu weisen. Diese Politik versuchte sie dynastisch durch Heiraten ihrer Kinder mit Prinzen und Prinzessinnen des weitverzweigten Hauses Bourbon abzusichern. Allein ihrer Lieblingstochter Maria Christina war es vergönnt, eine Liebesehe einzugehen.

Die letzten Stunden Maria Theresias.

- ***Schloß Schönbrunn***
- ***Maria-Theresien-Denkmal*** *von Kaspar von Zumbusch (1888)*
- ***Heeresgeschichtliches Museum*** *im Arsenal*

[56] Kaiser Franz I. Stefan *Nancy 1708 †Innsbruck 1765 (röm.-dt. Kaiser 1745–65), Herzog von Lothringen, Großherzog von Toskana. Mitregent Maria Theresias in den Erblanden, Begründer des Hauses Habsburg-Lothringen

Kaiser Franz I. Stefan im Kreise der Vorstände seiner Sammlungen.

Die familiären Verbindungen der beiden ältesten Dynastien Europas, Habsburg und Lothringen, waren schon immer eng gewesen. Franz Stefan, der Sohn Herzog Leopolds von Lothringen, kam schon als 15-jähriger an den Wiener Hof. Als Enkel des Türkensiegers Karl von Lothringen und der Habsburgerin Eleonora Maria [18], einer Stiefschwester Kaiser Leopolds, wurde er in die kaiserliche Familie einbezogen und vor allem von der um neun

Einzug Kaiser Franz I. Stefan in die Krönungsstadt Frankfurt, Reliefdetail vom Doppelsarkophag.

Jahre jüngeren „Erbtochter" Maria Theresia sehr geschätzt. Heiratsplänen wollte der Vater aber aufgrund der politischen Bedeutungslosigkeit einer solchen Verbindung vorerst nicht zustimmen. Erst 1732 gelang es der unermüdlich drängenden Maria Theresia, ihren Vater dazu zu überreden, Franz Stefan zum Statthalter von Ungarn zu ernennen und ihn 1936 als kaiserlichen Schwiegersohn anzunehmen. Franz Stefan wurde Generalgouverneur der Niederlande, ohne jedoch sein Amt je anzutreten, und 1738 Generalissimus der Österreichischen Armee, wobei sein Einsatz gegen die Türken ein Mißerfolg wurde. Die wahre Begabung des in Wien oft abschätzig beurteilten Franz Stefan lag in seinem wirtschaftlichen Geschick. Nach dem Ende des Siebenjährigen Krieges übernahm er auch die Sanierung des Staatshaushaltes. Das von ihm erwirtschaftete Privatvermögen war so groß, daß sein Generalerbe Josef II. mit einem Geschenk von 12 Millionen Gulden das Staatsbudget sanieren konnte. Aus den restlichen sechs Millionen wurde ein „Familienversorgungsfond" gegründet, der bis 1919 bestand.

Dank seines Interesses an den Naturwissenschaften machte er zahlreiche Erfindungen und legte den Grundstein zu den mineralogischen Sammlungen des Naturhistorischen Museums. Gemeinsam mit vorwiegend lothringischen Botanikern und Gartenarchitekten gestaltete er den Park von Schönbrunn und ließ auf seine Kosten den Tiergarten von Schönbrunn, den ältesten öffentlich zugänglichen Europas, bauen und einrichten.

Der Kaiser starb 56-jährig während der Hochzeitsfeierlichkeiten für seinen Sohn Leopold in Innsbruck an einem Schlaganfall. Der Leichnam wurde zunächst in einem Wagen nach Hall überführt und von dort zu Schiff über den Inn und die Donau nach Wien gebracht. Maria Theresia war untröstlich. Sie ließ sich ihre langen Haare abschneiden, verschenkte all ihren Schmuck und ihre kostbaren Kleider und trug nur mehr Witwentracht. Die Wände ihres Schlafzimmers mußten mit dunkelgrauer Seide bezogen werden. In ihrem Gebetbuch fand man später einen Zettel: „Kaiser Franziskus, mein Gemahl, hat gelebt 56 Jahre, 8 Monate, 10 Tage. Er ist den 18. August 1765 gestorben halb 10 Uhr abends. Er hat also gelebt Monate 680, Wochen 2.958 1/2, Tage 2o 778, Stunden 496.992. Mein glücklicher Ehestand war 29 Jahre, 6 Monate, 6 Tage. Um die gleiche Stunde, als ich ihm meine Hand gab, auch an einem Sonntag, ist er mir plötzlich entrissen worden, macht also Jahre 29, Monate 335, Wochen 1.540, Tage 10.781, Stunden 258.774."

Das Sterbezimmer in der Innsbrucker Burg ließ Maria Theresia in eine Kapelle umbauen.

- ***Naturhistorisches Museum***
- ***Tiergarten Schönbrunn,*** Historische Menagerie
- ***Botanischer Garten neben dem Belvedere:*** Wien 3, Landstrasser Gürtel 1
- ***Schoß Schönbrunn:*** Vieux Laque-Zimmer, Gedenkraum für Franz Stefan

[42] Kaiser Josef II. *Wien 1741 †Wien 1790 (röm.-dt. Kaiser 1765–1790, Sohn von Kaiser Franz I. Stefan und Maria Theresia; Mitregent seiner Mutter in den Erblanden 1765–80)

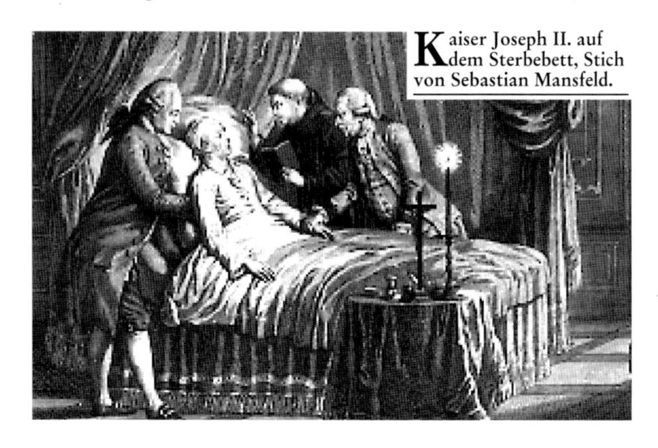

Kaiser Joseph II. auf dem Sterbebett, Stich von Sebastian Mansfeld.

Vor dem Doppelsarkophag der Eltern steht der betont schmucklose Kupfersarg Kaiser Josefs II., der als Reform- und „Sparkaiser" in die Ge-schichte Österreichs eingegangen ist. Die Klarheit und Strenge des Klassizismus und der Aufklärung hatten das Bewegte des Barocks und des Rokokos abgelöst. Der Sarg Josefs, der sechzigste, der in der Gruft Aufstellung fand, ist ausschließlich mit Name, Titel, Geburts- und Sterbedatum versehen.

Noch im Beisein seines Vaters Franz I. Stefan war Josef 1765 in Frankfurt zum römisch-deutschen Kaiser gekrönt und bald darauf, nach dem plötzlichen Tod des Vaters, von seiner Mutter zum Mitregenten in den Erblanden erkoren worden Aber erst nach dem Tod der Mutter konnte er seine Reformpläne voll in die Tat umsetzen und Österreich in einen modernen Zentralstaat umwandeln.

Von bestem Wollen und hohem Idealismus beseelt, aber hastig und überstürzt, erließ er nicht weniger als 6000 Verordnungen, die Verbesserungen in allen Bereichen des Lebens schaffen sollten. Mit dem Allgemeinen Krankenhaus gründete er das damals

Kaiser Joseph II. mit seiner von ihm sehr geschätzten Elisabeth Wilhelmine von Württemberg.

Begegnung Mozarts mit Kaiserin Maria Theresia und Josef II. im Augarten.

größte Spital Europas, die ehemaligen kaiserlichen Jagdgründe im Prater und im Augarten machte er dem Volk als Erholungsgebiete zugänglich. Auch in das religiöse Leben des Staates griff er nachhaltig durch Klosteraufhebungen, Pfarrgründungen und die Einrichtung von Generalseminarien zur Ausbildung von Theologen im Sinne eines Staatskirchentums ein. Nichtkatholischen Konfessionen gewährte er freie Religionsausübung. Durch sein Untertanenpatent erleichterte er das Los der Bauern. Das Hoftheater auf dem Michaelerplatz wurde zu einer der führenden Bühnen des deutschsprachigen Europas.

Da der Kaiser in den meisten Fällen seine Reformen schonungslos durchsetzte, konnten ihn viele seiner Zeitgenossen nicht verstehen. Wachsender Widerstand zwang ihn, knapp vor seinem Lebensende die meisten seiner Verordnungen wieder zurückzunehmen. Wie er von vielen seiner Untertanen eingeschätzt wurde, drückt ein nur wenige Tage vor seinem Tod erschienenes Flugblatt aus: „Der Bauern Gott, der Bürger Not, des Adels Spott liegt auf den Tod". Daß aber Österreich ein ähnliches Schicksal wie die Französische Revolution, die seine Schwester Marie Antoinette auf das Schafott gebracht hatte, erpart blieb, ist zweifelsohne sein Verdienst.

Gemäß seinen letzten Anordnungen wurde sein Leichnam nicht einbalsamiert in Feldmarschall-Uniform beigesetzt und die Kaisergruft nach dem Begräbnis wieder verschlossen.

- **Bestattungsmuseum:** *Josefinischer Sparsarg*
- **Denkmal Kaiser Josefs II.** *auf dem Josefsplatz*
- **Josefinische Hofarchitektur des Architekten Isidore Canevale**:

Augartenportal 1775, Lusthaus im Prater 1781–84, Allgemeines Krankenhaus und Narrenturm 1783/84, Josefinum, ehem. chirurgisch-medizinische Akademie 1783/85: heute Museum der Geschichte der Medizin mit Sammlung anatomischer Wachspräparate, die auf Geheiß Josefs in Florenz zur praxisnahen Ausbildung von Militärchirurgen angefertigt worden waren.

Die zwei Gemahlinnen Kaiser Josefs II.:

[5o] Kronprinzessin (Infantin) Maria Isabella [von Parma] *Madrid 1741 †Wien 1763, Tochter von Philipp von Parma und Elisabeth von Frankreich und ihre Tochter
[51] Christina *†Wien 1763

Die Inschrift am Fußende des Sarges lautet: „Hier erwartet die frohe Auferstehung Elisabeth Maria von Bourbon, die im Jahre des Heiles 1741 das Licht der Welt erblickt hat. Sie wurde am 6. Oktober 1760 mit dem durchlauchtigsten Josef von Österreich in dieser holden Stadt getraut und ist am 26. November 1763 als beste Gemahlin, Zierde der Fürsten und Wonne des Volkes, vor ihrer Zeit in den Himmel aufgenommen worden". Gleichzeitig starb auch ihre frühgeborene zweite Tochter, die im kleinsten Sarg der Gruft unter dem der Mutter ihre letzte Ruhestätte fand.

Als 19-jährige war Maria Isabella nach einem prunkvollen Einzug in Wien mit dem gleichaltrigen Josef in der Hofpfarrkirche St. Augustin vermählt worden. Die Eheschließung sollte wie die der jüngsten Tochter Maria Theresias, Maria Antonias mit Ludwig XVI. von Frankreich ein enges Band zu den Bourbonen knüpfen. Isabella wurde Josefs große Liebe. Als sie nach der Geburt der zweiten Tochter geschwächt von den gerade erst überstandenen Blattern starb, hinterließ sie einen untröstlichen Josef. Der Leichnam Isabellas wurde weder seziert noch einbalsamiert.

Sarkophag von Maria Isabella mit dem Kleinkindersarg von Christina.

- ***Zeremoniensaal im Schloß Schönbrunn:*** *Hochzeit von Maria Isabella und Josef*
- ***Schloß Schönbrunn:*** *Zimmer Nr 38: Josef am Bett Maria Isabellas*

[49] Kaiserin Maria Josefa [von Bayern]
*München 1739 †Wien 1767, Tochter von Kaiser Albrecht VII. von Wittelsbach und Ezh. Maria Amalia (Tochter von Kaiser Josef I.)

Deutlich zeigt der Sarkophag die Handschrift **Balthasar Molls:** Wappenschilder, reichverzierte Kartuschen, Löwenkopfgriffe, vier Adler als Stützen des Sarges.
Der Deckel ist von einem wallenden Überwurf mit Reichskrone und Lothringerkrone bedeckt, über den Polsterrand hängt der Sternkreuzorden, dahinter kniet ein Genius, das Bildnismedaillon der Kaiserin hochhaltend. Dieses wird vom Ewigkeitssymbol, einer zu einem Kreis geschlossenen Schlange, überhöht.

Sarg von Kaiserin Maria Josefa von Bayern nach einem historischen Stich von Salomon Kleiner.

Nur widerstrebend erfüllte Josef den Wunsch seiner kaiserlichen Mutter und des Fürsten Wenzel Anton Kaunitz nach einer neuerlichen Heirat nur wenige Monate nach dem Tod Isabellas. Die Verbindung mit Maria Josefa sollte den Weg zur Gewinnung Bayerns für Österreich ebnen, war aber politisch wie auch menschlich zum Scheitern verurteilt.
Da Maria Josefa den Blattern erlag – auch sie war ein Opfer der verheerenden Blatternepidemie von 1767 geworden – wurde der Leichnam auf Geheiß des kaiserlichen Leibarztes Gerhard van Swieten gleich nach dem Tod in eine Hülle eingenäht und verdeckt auf dem Paradebett aufgebahrt. Weder Einbalsamierung noch eine getrennte Bestattung von Herz und Eingeweide kamen in Frage.

In der Maria-Theresia Gruft beigesetzten frühverstorbenen Kinder Maria Theresias und Franz I. Stefans:

[48] Ezh. Maria Elisabeth *Wien 1737 †Wien 1740, 1. Tochter

Ihr erster Sarg war eine Arbeit von **Johann Georg Pichler** und **Johann Nikolaus Moll**, wurde aber 1768 durch einen Bronzesarg im Rokokostil von **B. Moll** ersetzt. Der Erzherzogshut am Deckel ist von Rosengewinden getragen.

[53] Ezh. Maria Karolina *†Wien 1740, 3. Tochter

Der Sarg der nur zwei Wochen alten Maria Karolina gleicht im Aussehen dem ihrer Schwester Maria Elisabeth.

[44] Ezh. Karl Josef
*Wien 1745 †Wien 1761, 2. Sohn

Den Bronzesarg **B. Molls** schmückt ein Portrait des jungen Erzherzogs. Über dem Deckel ist ein Erzherzogsmantel in reichem Faltenwurf und feinsten Ziselierungen drapiert, darauf liegen die beiden Kronen der vereinigten Häuser Habsburg und Lothringen.

Kinderbildnis von Karl Josef, nach einem Stich von Gottfried Bernhard Götz).

[43] Ezh. Maria Karolina
*†Wien 1748, 7. Tochter

Der besonders zierliche Rokokosarg von **B. Moll** ist mit Girlanden und Engelsköpfen geschmückt, auf einem Polster am Deckel ruht der österreichische Erzherzogshut. Maria Karolina starb am Tag ihrer Geburt.

[45] Ezh. Johanna Gabriela
*Wien 1750 †Wien 1762, 8. Tochter

Da der Sarg von **B. Moll** mit der Kopfseite zur Wand steht, kann man den Schmuck an beiden Längsseiten einsehen: auf der einen stützt ein Adler

den Sarg und trägt ein blumenumranktes Bildnismedaillon, auf der anderen Seite befindet sich ein Medaillon mit einem Adler, das ein Mädchen mit einem geschwellten Segel in der Hand zum Himmel trägt mit der begleitenden Inschrift: „Heimgeholt zu den Sternen." Sie starb an den Blattern.

[46] Ezh. Maria Josefa *Wien 1751 †Wien 1767, 9. Tochter

Wie beim Sarg ihres Bruders ist auch hier die Längsseite mit einem Bildnismedaillon geschmückt, auf einer über den Deckel gebreiteten Decke liegen die beiden Familienkronen.

Besonders tragisch waren die Umstände ihres Todes. Bereits mit 12 Jahren war sie als zukünftige Gemahlin für Ferdinand, König von Neapel und Sizilien, ausersehen worden. Am 14. Oktober 1767 sollte die Trauung „per procuratorem" in Wien stattfinden. Leopold Mozart war schon mit seinen Kindern Nannerl und Wolfgang nach Wien gekommen, um die Hochzeit in der Hofpfarrkirche St. Augustin musikalisch zu untermalen. Maria Josefa erkrankte jedoch an den Blattern, einen Tag nach der vorgesehenen Trauung „wurde sie zum Hochzeitsmahl des himmlischen Königs berufen", wie es auf der Inschriftentafel ihres Sarges zu lesen ist.

Weitere in der Maria-Theresia Gruft bestattete Personen:

[52] Ezh. Maria Theresia *Wien 1762 †Wien 1770, 1. Tochter von Kaiser Josef II. und der Infantin Maria Isabella

Die in Lebensgröße auf ihrem Sarkophag abgebildete Maria Theresia.

Als vollplastische Darstellung ruht die kleine Erzherzogin in einem langen, faltenreichen Kleid auf dem blumen- und girlandenumwundenen Sargdeckel als eine der letzten Arbeiten **B. Molls** für die Gruft.

[47] Unbenannte Prinzessin *†Brüssel 1744, Tochter von Prinz Karl von Lothringen, dem jüngeren Bruder Franz Stefans und der Ezh. Maria Anna, einer Schwester Kaiserin Maria Theresias

Ihr Sarkophag ist von einem „Wolkenturm" bekrönt, der das Herz der kleinen Prinzessin gegen den Himmel trägt.

[54] Christina *†Wien 1767, Tochter von Ezh. Maria Christina und Hz. Albert von Sachsen-Teschen

[41] Maria Karolina, Reichsgräfin von Fuchs-Mollardt *Wien 1681 †Wien 1754, Erzieherin und Obersthofmeisterin Kaiserin Maria Theresias

Reichsgräfin von Fuchs-Mollardt nach einem Porträt des Hofmalers van Meytens.

„Zum unsterblichen Andenken eines wohlwollenden Herzens für die edle Erziehung zur Tugend. M.Th. Kaiserin" lautet der Schlußsatz auf der reichgefaßten Inschriftentafel des Sargdeckels. Die Kaiserin hatte darauf bestanden, daß die Frau, die ihr seit dem 11. Lebensjahr mit Rat und Tat zur Seite gestanden und ihr so nah war wie eine eigene Mutter, auch nach ihrem Tod an ihrer Seite ruhen sollte.

Seit 1728 war die verwitwete Gräfin Fuchs, Tochter des kaiserlichen Kammer-Vizepräsidenten, Erzieherin („Aja") der jungen Erzherzoginnen Maria Anna und ihrer Schwester Maria Theresia gewesen, später auch fast aller Kinder Maria Theresias. Ihr Herz war ursprünglich in der Familiengruft in der Michaelerkirche beigesetzt, ist aber verschollen.

• ***Michaelerkirche: Epitaph und Familiengruft der Mollardts*** *(Führungen!)*

Franzensgruft

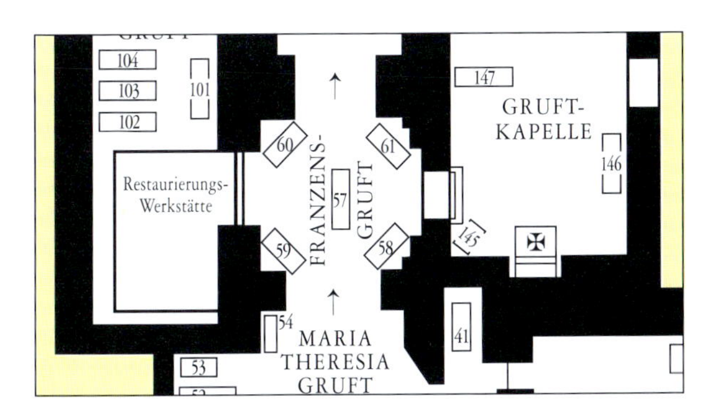

Da weder für ihn selbst noch für seine eigene bzw. die zahlreiche Nachkommenschaft seines Vaters Leopolds II. in der Gruft Platz vorhanden war, entschloß sich Kaiser Franz I. 1824 auf Anregung seiner letzten Gemahlin, der Kaiserin Karolina Augusta, zu einer neuerlichen Erweiterung der kaiserlichen Begräbnisstätte, die unter Aufsicht des Hofarchitekten **Johann Aman** durchgeführt wurde.

Ursprünglich waren Überlegungen angestellt worden, die Familiengruft des Erzhauses bei den Kapuzinern als abgeschlossen zu betrachten und zukünftige Beisetzungen in den bereits bestehenden Gewölben der **Hofpfarrkirche St. Augustin** vorzunehmen. Aber der Kaiser selbst verwarf diesen Vorschlag und gab den Auftrag, im rechten Winkel zur Maria Theresia-Gruft eine neue Grabkammer anzulegen.

Sie ist achteckig, gedämpftes Tageslicht fließt vom Scheitel der kuppelartigen Wölbung in den Zentralraum, in dem die Särge symmetrisch aufgestellt sind.

Stilistisch entspricht sie mit ihren künstlich marmorierten Wänden und den halbrunden Nischen ganz dem Geschmack des Klassizismus bzw. des Biedermeier.

Heute ruhen in der Franzensgruft Kaiser Franz II./I. und seine vier Gemahlinnen.

(Ursprünglich waren es 11 Personen, darunter die 2. Gemahlin Napoleons, Kaiserin Marie Louise [127] und ihr Sohn, der Herzog von Reichstadt.)

Sarkophag von Kaiser Franz II. (I.)

[57] Kaiser Franz II./I. *Florenz 1768 †Wien 1835 (röm.-dt. Kaiser 1792–1806, öst. Kaiser 1804–1835), Sohn von Kaiser Leopold II. und Maria Ludovika von Bourbon-Spanien. Letzter Kaiser des Hl. Römischen Reichs, erster Kaiser von Österreich

Der auf einem hohen, schwarzen Marmorsockel ruhende Biedermeiersarg des Kaisers ist ein Entwurf des aus dem Tessin gebürtigen Hofbaurates **Peter von Nobile**, von dem auch die Pläne für das Äußere Burgtor und den Theseustempel im Volksgarten stammen.
Das Material ist Kupfer, er ist in „pompejanischem" Rot bemalt. Auf dem von einem Palmettenkranz eingefaßten Deckel liegt ein Kissen mit der österreichischen Kaiserkrone und weiteren Insignien. Sonst verkünden nur zwei einfache Inschriftenkartuschen an den Längsseiten, wer in diesem Sarkophag ruht: Auf der linken Seite sind Name, Titel, Geburtsort und -datum verewigt, sowie in der letzten Zeile der Nachsatz „Der göttlichen Maria Theresia Enkel". Auf der rechten sein Wahlspruch „Gerechtigkeit ist das Fundament aller Königreiche" und seine Sterbedaten.

Kaiser Franz II. (I.) im Kreise seiner Familie, Gemälde von Peter Fendi.

Franz wurde als ältester Sohn Leopolds II. in dessen Florentiner Residenz, dem Palazzo Pitti, geboren und erzogen. Erst 1784 kam der junge Erzherzog als „Kaiserlehrling" nach Wien, wo ihn sein Onkel Josef II., dem selbst ein Sohn versagt geblieben war, mit großer Fürsorge in seine Rolle als Thronfolger einführte.
Als Onkel und Vater kurz hintereinander starben, folgte ihnen Franz 1792 als letzter Kaiser des Heiligen Römischen Reiches auf den Thron. 1804 nahm Franz II. als Antwort auf die Ausrufung Napoleons zum Kaiser der Franzosen als Franz I. den Titel eines Kaisers von Österreich an. 1806 entschloß er sich angesichts der Gründung des Rheinbundes und des damit unweigerlich verbundenen Zerfalls des „Heiligen Römischen Reiches Deutscher Nation", die römisch-deutsche Kaiserkrone niederzulegen. 1810 verehelichte der Kaiser auf Anraten seines Staatskanzlers Klemens Wenzel Fürst Metternich seine Tochter Marie Louise mit Napoleon, was diesen allerdings nicht hinderte, seine Aggressionspolitik gegen Österreich fortzusetzen. Erst nachdem der Korse in der Völkerschlacht von Leipzig vernichtend geschlagen und nach Elba verbannt worden war, konnte Franz als Gastgeber Vertreter von fast 200 Staaten, Städten und Herrschaften zur prunkvollen Eröffnung des Wiener Kongresses in seiner Residenzstadt begrüßen. Nach neunmonatigen Verhandlungen, die kurzfristig durch die Rückkehr Napoleons aus seinem Exil unterbrochen wurden, war die Konsolidierung Europas abgeschlossen und der Grundstein für die Heilige Allianz mit dem Zaren und dem König von Preußen sowie die wirtschaftliche und kulturelle Blüte Österreichs im Biedermeier gelegt.
Es wurde das Zeitalter Ludwig van Beethovens, Franz Schuberts, Franz Grillparzers, Ferdinand Raimunds und von Malern wie Friedrich von Amerling, Peter Fendi oder Leopold Kupelwieser.
In die Regierungszeit von Kaiser Franz fielen die Schaffung des Allgemeinen Bürgerlichen Gesetzbuches, die Gründung der Oesterreichischen Nationalbank und der Ersten Donaudampfschifffahrtsgesellschaft. Die industrielle Entwicklung schritt unaufhaltsam voran. Aber auch restriktive Zensur und Spitzelwesen im Namen der Erhaltung der alten Ordnung prägten das frühe 19. Jahrhundert.

- **Weltliche Schatzkammer, Hofburg**: Reichsinsignien
- **Schloß Schönbrunn:** Maria-Antoinette Zimmer, Porträt von F. Amerling
- **Hofburg:** Kaiserappartements, Audienzsaal, Gemälde von Peter Fendi
- **Innerer Burghof:** Denkmal von Kaiser Franz I.
- **Uhrenmuseum:** Biedermeierliche Bilderuhr mit Kaiser Franz
- **Franzensburg im Schloßpark von Laxenburg** 18 km südlich von Wien
- **Hofburg:** Hoftafel- und Silberkammer, historisierendes Prunkgeschirr von Kaiser Franz I. für Schloß Laxenburg
- **Kirche am Hof:** Am 6. August 1806 verkündete ein kaiserlicher Kommissär von der Altane der Kirche das Ende des Heiligen Römischen Reiches.

Die vier Gemahlinnen von Kaiser Franz II. (I.)

[59] Kronprinzessin Elisabeth Wilhelmina [von Württemberg] *Treptow 1767 †Wien 1790, Tochter von Herzog Friedrich II. Eugen von Württemberg und der Prinzessin Frederika von Brandenburg-Schwedt

Schon 15-jährig kam Elisabeth Wilhelmina auf Veranlassung Kaiser Josefs nach Wien, wo sie bei den Salesianerinnen am Rennweg eine vortreffliche Erziehung genoß, die sie auf die Rolle einer zukünftigen Kaiserin vorbereiten sollte. Für Kaiser Josef war Elisabeth nicht nur eine „politisch interessante Partie" für seinen Lieblingsneffen – ihre Schwester war mit Paul, dem Sohn der Zarin Katharina II. verheiratet – die beiden, den alternden, von Krankheit gezeichneten Kaiser, und das lebensfrohe Mädchen verband auch eine innige Freundschaft. Beide starben innerhalb von zwei Tagen unter tragischen Umständen: Die Kronprinzessin verschied an einer Frühgeburt, die sie durch die Aufregung um den kranken väterlichen Freund erlitten hatte, Josef folgte ihr, von Schmerz gebrochen, einen Tag später.

[60] Kaiserin Maria Theresia Karolina [von Sizilien] *Neapel 1772 †Wien 1807, Tochter von Ferdinand I. beider Sizilien und Ezh. Maria Karolina, Mutter von Kaiser Ferdinand I. und von Marie Louise, Kaiserin der Franzosen

Ein längeres Eheglück als mit Elisabeth Wilhelmina war Kaiser Franz mit seiner zweiten Gemahlin beschieden. Sie war eine Cousine ersten Grades, was sich auf die Gesundheit ihrer zahlreichen Nachkommenschaft ungünstig auswirkte.
*Die sehr temperamentvolle Prinzessin schenkte ihrem Gatten in 17 Ehejahren zwölf Kinder: Marie Louise (*1791), spätere Kaiserin der Franzosen [127]; Ferdinand (*1793), den Thronfolger [62]; Leopoldina (*1797), spätere Kaiserin von Brasilien; Maria Klementina (*1798), die Prinz Leopold von Sizilien heiratete; Karolina*

*Ferdinanda (*1801), die spätere Königin von Sachsen; Franz Karl (*1802), den Vater Kaiser Franz Josefs [135] und Maria Anna (*1804) [82C].*
*Fünf Kinder starben jung: Karolina Leopoldina (*1794) [95D], Karolina Ludovika (*1795) [87C], Josef Franz (*1799) [69A], Johann Nepomuk (*1805) [71A] und Amalia Theresia (*1807) [96D]. Die letzte Schwangerschaft war durch eine tuberkulöse Rippenfellentzündung besonders kompliziert und hatte eine Frühgeburt ausgelöst, der die Kaiserin im Alter von nur 34 Jahren erlag.*

[58] Kaiserin Maria Ludovika [von Modena] *Monza 1787 †Verona 1816, Tochter von Ezh. Ferdinand [105], einem Sohn Maria Theresias, und Maria Beatrix von Este [106]

Sarg von Kaiserin Maria Ludovica, der dritten Gemahlin von Kaiser Franz.

Der einziger Schmuck des Sarges sind je zwei Griffe an den Längsseiten und ein überlanges Kreuz mit Inschriftentafel auf dem Deckel.

Auch die dritte Gemahlin von Kaiser Franz war eine Verwandte ersten Grades. 1808 heiratete die als besonders schön und gebildet gepriesene Prinzessin den zweimal verwitweten und um vieles älteren Franz. Es sollte eine glückliche, wenn auch kurze Ehe sein: Maria litt an Tuberkulose. Trotz zahlreicher Kuren im Süden starb sie 1816 kinderlos im Palazzo Canossa in Verona.

[61] Kaiserin Karolina Augusta (auch Charlotta Augusta) [von Bayern] *Mannheim 1792 †Wien 1873, Tochter von König Maximilian I. von Bayern und Wilhelmine Auguste von Hessen-Darmstadt

Kaiserin Karolina Augusta, vierte Gemahlin von Kaiser Franz II./I.

Ihr Sarg, der links vom Durchgang zur Franz Josefs-Gruft steht, ist neben dem des Kaisers der am meisten ornamentierte der Franzensgruft. Der geschweifte Kupfersarg mit Bronzeornamenten stammt aus dem **Atelier Beschorner.**

Karolina Augusta wurde die letzte Gattin des bereits dreimal verwitweten, 48-jährigen Kaisers. „Wenigstens hab ich dann nicht in ein paar Jahren wieder eine Leich", soll er gesagt haben.
Vor ihrer Verehelichung mit Kaiser Franz war sie auf Anordnung Napoleons 1808 mit dem württembergischen Kronprinzen Wilhelm in einer 1815 von Papst Pius VII. aufgelösten Scheinehe vermählt worden. Karolina Augusta war eine überaus gebildete Frau, die auch der zeitgenössischen Literatur viel Interesse entgegenbrachte. Es war unter anderem ihrer Intervention zu verdanken, daß 1825 Franz Grillparzers Drama „König Ottokars Glück und Ende" ohne größere Zensurschwierigkeiten im Hofburgtheater zur Aufführung gelangen konnte. Früh verwitwet, wandte sich die Kaiserin nach dem Tod Franz I. vornehmlich karitativen Tätigkeiten zu.

Ferdinandsgruft

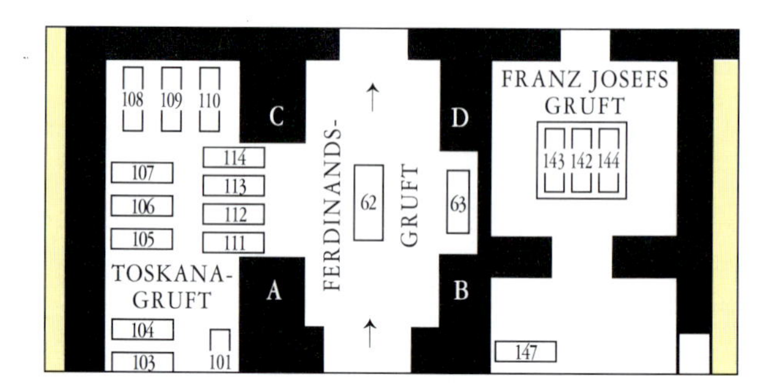

Nördlich an die Franzensgruft schließt die sehr kühl wirkende Ferdinandsgruft an. Licht fällt nur von einem kleinen halbrunden Fenster über dem Zugang zur **Neuen Gruft** in den Raum, Farblichkeit und Wärme fehlen.

Der Bau der Ferdinandsgruft erfolgte 1842 gleichzeitig mit dem Neubau des baufällig gewordenen Klosters. Für die Erweiterung mußte Baumeister **Johann Höhne** die zwei Schlußwände der Franzensgruft durchbrechen.

Wenn man die heutige Gruft mit dem Plan der ursprünglichen spätbiedermeierlichen Anlage aus dem 19. Jh. vergleicht, stellt man beträchtliche Veränderungen fest. Der große Arkadendurchgang zur Toskana-Gruft ist zwar gleichgeblieben, die Nischen sind allerdings heute zugemauert, nur vier Marmortafeln verraten die Namen jener 37 Habsburger, die in einer großangelegten Umbettungsaktion 1960 hier bestattet wurden, um die Platznot in der Toskanagruft zu mildern.

In der Gruft selbst bestattet:
Kaiser Ferdinand I. und seine Gemahlin
In den Nischen beigesetzte Personen:

- **19 jungverstorbene Kinder,** darunter eines von Kaiser Leopold II. und acht von Kaiser Franz II./I., sowie Kinder aus den weitverzweigten habsburgischen Nebenlinien
- **Ezh. Leopold Alexander** [64A], der vierte Sohn Kaiser Leopolds II., Palatin von Ungarn
- **Mitglieder der Nebenlinien Habsburg-Toskana** [84C, 86C, 85C, 73B, 100D, 72A, 90D, 89D, 88D, 92D, 77B, 97D, 76B, 98D, 91D], **Habsburg-Karl** [83C, 68A, 67A, 80C, 81C], **Habsburg-Rainer** [70A, 75B, 83C, 93D] und **Habsburg-Este** [94D].
- **eine jungverstorbene Schwester** von Kaiser Franz Josef [74B]
- **eine jungverstorbene Tochter** von Kaiser Franz Josef [78B]
- **Ezh. Maria Theresia,** Stiefmutter des Thronfolgers Franz Ferdinand [99D]

[62] Kaiser Ferdinand I. *Wien 1793 †Prag 1875
Kaiser von Österreich 1835–48, Sohn von Kaiser Franz II./I. und seiner 2. Gemahlin Kaiserin Maria Theresia

Der neo-klassizistische Sarg von Kaiser Ferdinand I.

Der von **A. M. Beschorner** angefertigte silberbronzierte Kupfersarkophag aus dem Jahr 1875 steht auf einem weißen, reichbewegten Kunststeinsockel mit Eckvoluten, Pilastern und Blumengirlanden. Löwentatzen tragen den Sarg, die langen Seiten sind mit Lorbeerkränzen geziert, die Schmalseiten mit dem österreichischen Doppeladler und der Kaiserkrone.

Da der Kaiser an Epilepsie litt, konnte er den Regierungsgeschäften nur bedingt nachkommen. Diese Aufgabe fiel einer Staatskonferenz unter der Leitung seines Cousins Ludwig Josef [104] zu.

1830 wurde Ferdinand I. in Preßburg zum König von Ungarn, 1836 zum König von Böhmen und 1838 mit der Eisernen Krone zum König von Lombardo-Venetien in der Domkirche zu Mailand gekrönt. Während seiner Regierungszeit wurde die Kaiser-Ferdinand-Wasserleitung sowie die K.K. Ferdinand-Nordbahn, die erste Dampf-Eisenbahn des Kontinents, in Betrieb genommen, sowie die Südbahn ausgebaut und die Wiener Philharmoniker gegründet.

Ferdinand I. mit kaiserlichem Gefolge nach der Krönung auf dem Balkon der königlichen Prager Burg.

Probefahrt der ersten dampfbetriebenen Eisenbahn auf der Strecke Floridsdorf – Deutsch-Wagram (14.11.1837).

Die politischen Verhältnisse während des Revolutionsjahres 1848 zwangen Ferdinand, in Olmütz die Regierungsgeschäfte an den Sohn seines Bruders, den erst 18-jährigen Franz Josef, abzugeben. Von den Böhmen als letzter gekrönter König sehr verehrt, verbrachte er seinen Lebensabend vorwiegend in Prag.

- ***Musikverein,*** *Karlsplatz: Sitz der Wiener Philharmoniker*
- ***Weltliche Schatzkammer,*** *Raum 4: Krönungsornat des Lombardo-Venetianischen Königreiches.*

Kaiser Ferdinand I. und seine Gemahlin Kaiserin Maria Anna (von Sardinien-Piemont).

[63] Kaiserin Maria Anna [von Sardinien-Piemont] *Turin 1803 †Wien 1884, Gemahlin Kaiser Ferdinands I., Tochter von König Viktor Emanuel I. von Piemont-Sardinien und Ezh. Maria Theresia von Habsburg-Este

Trotz ihrer mangelnden Deutschkenntnisse wurde Maria Anna eine überaus populäre Kaiserin, die ihrem Gatten während seiner Krankheit hilfreich zur Seite stand und auch viele seiner Interessen teilte. 1848 hatte sie entscheidenden Einfluß auf seine Abdankung zugunsten Franz Josefs.

Sarkophag von Kaiserin Maria Anna, Gemahlin von Kaiser Ferdinand I.

In den Wandnischen der Ferdinandsgruft beigesetzt:

• Zwei Nachkommen von Kaiser Leopold II.:

[64A] Ezh. Alexander Leopold *Florenz 1772 †Laxenburg/Wien 1795, 4. Sohn, Palatin von Ungarn

Der in Florenz geborene Alexander Leopold kam erst nach Wien, als sein Vater 1790 die Nachfolge Kaiser Josefs II. antreten mußte.
18-jährig wurde er vom ungarischen Reichstag zum Palatin gewählt und residierte fortan in der Ofener Burg (heute Budapest). Zuerst gemäßigt wie sein Vater, schlug er nach der Aufdeckung der sogenannten „Jakobinerverschwörung" einen reaktionären Kurs ein und erreichte harte Strafen für die Aufständischen. 23-jährig verunglückte er tödlich bei den Vorbereitungen zu einem Feuerwerk zu Ehren der Kaiserin in Laxenburg bei Wien.

[65A] Ezh. Maria Amalia *Florenz 1780 †Wien 1798

• Nachkommen Kaiser Franz II./I. und Maria Theresias:

[66A] Ezh.Luise Elisabeth *Wien 1790 †Wien 1791
[95D] Ezh. Karolina Leopoldine *Wien 1794 †1795
[87C] Ezh. Karolina Louise *Wien 1795 †Wien 1799
[69A] Ezh. Josef Franz *Wien 1799 †Wien 1807
[79B] Ezh. Karolina Ferdinanda *Wien 1801 †Dresden 1832
[82C] Ezh. Maria Anna *Wien 1804 †Wien 1858
[71A] Ezh. Johann Nepomuk Karl *Wien 1805 †Wien 1809
[96D] Ezh. Amalia Theresia * †Wien 1807, bei deren Geburt die Mutter starb

• Mitglieder der Nebenlinie Habsburg-Toskana:

[84C] Großherzogin Maria Luisa (Ludovica) von Neapel-Sizilien *Neapel 1773 †Wien 1802, Tochter von König Ferdinand IV. von Neapel-Sizilien und Maria Karolina [107]; 1. Gemahlin Großherzog Ferdinands III. von Toskana; gemeinsam mit unbenanntem Sohn beigesetzt

Die ältere Schwester von Kaiserin Maria Theresia Ludovica [58] kam nach ihrer Vertreibung aus der Toskana durch Napoleon nach Wien, wo sie 29-jährig bei der Geburt ihres sechsten Kindes starb. Ihr Gemahl, der nach dem Wiener Kongreß wieder in seine Heimat zurückkehren konnte, starb 1824 in Florenz und liegt in San Lorenzo begraben.

[86C] Ezh. Maria Anna von Sachsen *Dresden 1795 †Brandeis (Brandys)/Böhmen 1865, Tochter von Maximilian von Sachsen und Karoline von Parma, 2. Gemahlin von Großherzog Ferdinand III. von Toskana

Mit 25 Jahren wurde sie 1821 dem mehr als doppelt so alten Großherzog Ferdinand III. von Toskana verehelicht. Nach dem baldigen Tod ihres Gemahls lebte sie als kinderlose Witwe vorerst am toskanischen Hof in Florenz, um nach der endgültigen Vertreibung der Habsburger aus der Toskana 1859 der Familie ins Exil nach Salzburg bzw. Brandeis, Böhmen, zu folgen, wo sie starb.

[85C] Großherzogin Maria Antonia von Neapel-Sizilien *Palermo 1814 †Orth bei Gmunden 1898, Tochter von König Franz I. von Neapel-Sizilien und Isabella von Spanien; 2. Gemahlin Großherzog Leopolds II. von Toskana [109]

Der Ehe Maria Antonias mit dem verwitweten Leopold entsprossen insgesamt 10 Kinder, darunter Johann Salvator, eines der populärsten, aber auch umstrittensten Mitglieder des Kaiserhauses. 1889 trat er aus der Familie Habsburg aus. Er verzichtete auf alle seine Rechte, seinen militärischen Rang und seine Apanage und durfte als Johann Orth aufgrund der strengen habsburgischen Hausgesetze den Boden Österreich-Ungarns nicht mehr betreten. Er kam bei einem Sturm um Cap Horn als Kapitän seines Schiffes ums Leben.
Das unglückliche Schicksal ihres Lieblingssohnes bewegte Maria Antonia zutiefst und verdüsterte ihre letzten Lebensjahre, die sie nach dem Tod ihres Gemahls 1870 hauptsächlich auf Schloß Orth bei Gmunden verbrachte, das Johann erworben und mit großem Kunstverständnis eingerichtet hatte.

[73B] Ezh. Maria Antonia *Florenz 1858 †Cannes 1883, Tochter von Großherzog Ferdinand IV. von Toskana und Anna Maria von Sachsen

Die schon von Jugend an sehr kränkliche Erzherzogin wurde Äbtissin des Theresianischen Damenstiftes in Prag, zog aber aufgrund ihres Lungenleidens an die Côte d'Azur, wo sie jung verstarb.

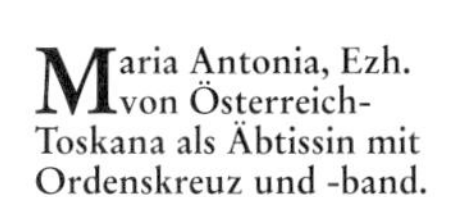

Maria Antonia, Ezh. von Österreich-Toskana als Äbtissin mit Ordenskreuz und -band.

[100D] Ezh. Josef Ferdinand Salvator *Salzburg 1872 †Wien 1942, 2. Sohn von Großherzog Ferdinand IV. von Toskana aus seiner 2. Ehe mit Alice von Parma

Im Salzburger Exil durchlief Josef Ferdinand die in der Familie Habsburg übliche Militärkarriere, huldigte aber wie viele Erzherzöge, die von politischer oder wirtschaftlicher Betätigung weitgehend ausgeschlossen waren, exzentrischen Interessen: In seinem Fall waren es Orientreisen und Ballonfliegen. 1909 flog er von Linz in sechzehn Stunden mit dem eigenen Ballon nach Dieppe in Frankreich.

[72A] Ezh. Robert Ferdinand *Salzburg 1885 †Salzburg 1895, jüngster Sohn des Großherzogs Ferdinand IV. von Toskana [108] aus 2. Ehe mit Alice von Parma

[9oD] Ezh. Karl Salvator *Florenz 1839 †Wien 1892, 2. Sohn von Großherzog Leopold II. von Toskana [109] und seiner 2. Gemahlin Maria Antonia von Neapel-Sizilien [85C], Bruder von Johann Orth

Großherzog Leopold II. von Toskana [109] mit drei seiner Söhne (v.l.n.r.): Johann Salvator (Johann Orth), Karl Salvator [9OD] und Ludwig Salvator [98D].

Er war sehr wissenschaftlich orientiert und zeichnete sich sowohl durch waffentechnische Erfindungen, als auch als Hydrotechniker und Architekt aus.

[89D] Ezh. Maria Immakulata [von Neapel-Sizilien] *Caserta 1844 †Wien 1899, Tochter König Ferdinands II. von Neapel-Sizilien und Ezh. Maria Theresia; Gemahlin von Ezh. Karl Salvator [90D]

Sie war eine berühmte Schönheit, die sogar Eingang in das „Schönheitsalbum" Kaiserin Elisabeths fand. Wegen ihrer rasch aufeinanderfolgenden zehn Geburten, zu denen der Kaiser der jungen Mutter stets eine Perlenkette schenkte, nannte Kaiserin Elisabeth ihre Familie spöttisch „Perlenfischer". Ihr Sohn Franz Salvator heiratete 1890 in Bad Ischl die jüngste Tochter Kaiser Franz Josefs und Elisabeths, Marie Valerie. Fünf ihrer 10 Kindern starben jung und ruhen in der Ferdinandsgruft:

[88D] Ezh. Albrecht Salvator *Atbunzlau/Böhmen 1871 †Gries bei Bozen 1896
[92D] Ezh. Maria Antonia *Wien 1874 †Wien 1891
[77B] Ezh. Rainer Salvator *Wien 1880 †Wien 1889
[97D] Ezh. Henrietta Maria *Wien 1884 †Wien 1886
[76B] Ezh. Ferdinand Salvator *Wien 1888 †Wien 1891

[98D] Ezh. Ludwig Salvator *Florenz 1847 †Brandeis/Böhmen 1915, zweitjüngster Sohn von Großherzog Leopold II. von Toskana aus seiner 2. Ehe mit Maria Antonia von Neapel-Sizilien; Bruder von Johann Salvator (Johann Orth)

Der Bruder von Großherzog Ferdinand IV., Karl Salvator und Johann (Orth) galt wegen seiner juristischen Ausbildung als „der gelehrte Erzherzog". Er konnte es sich leisten, nur seinen naturwissenschaftlichen und seemännischen Neigungen zu leben. Mit seiner Jacht „Nixe" unternahm er umfangreiche Fahrten im Mittelmeer. Er wurde Ehrenmitglied der Österreichischen Akademie der Wissenschaften und stand mit zahlreichen berühmten Persönlichkeiten in Briefkontakt, z.B. mit Präsident Theodore Roosevelt und Jules Verne. Wegen seiner schrulligen Art war er bei Hof sehr beliebt.

[91D] Ezh. Leopold Alphons *Agram 1897 †Willimantic/Conneticut/USA 1958, Sohn von Leopold Salvator [132] und Blanka von Bourbon-Kastilien

Der Erzherzog, der im Ersten Weltkrieg als Leutnant diente, heiratete in zweiter Ehe die Amerikanerin **Alice Coburn.** *Seine sterblichen Überreste wurden eingeäschert und in die Kaisergruft überführt.*

• Mitglieder der Nebenlinie Habsburg-Karl:

[83C] Ezh. Maria Karoline „Tante Marie Rainer" *Wien 1825 †Baden 1915, Tochter von Ezh. Karl und Henriette von Nassau

Nachdem sie 4-jährig ihre Mutter durch eine Scharlachinfektion verloren hatte, kümmerten sich ihr Vater, aber auch ihr älterer Bruder Albrecht um ihre Erziehung. Mit 19 Jahren wurde die sehr fromme junge Frau Äbtissin des adeligen Theresianischen Damenstifts in Prag, verließ es aber 1852, um ihren Vetter Ezh. Rainer d. J. [11o] zu heiraten. Sie wurden ein überaus populäres und bei Hof gerne gesehenes Paar, ihre Ehe galt als glücklich und vorbildlich, blieb aber kinderlos.

[68A] Ezh. Franz Josef *†1855, Sohn Ezh. Karl Ferdinands [121] und Ezh. Elisabeth

[67A] Ezh. Maria Eleonore *†1864, Tochter Ezh. Karl Ferdinands und Ezh. Elisabeth

[80C] Ezh. Natalie *1884 †1898 und
[81C] Ezh. Stephanie *1886 †1890, zwei Töchter von Ezh. Friedrich und Isabella von Croy-Dülmen

• Nebenlinie Habsburg-Rainer:

Kinder von Ezh. Rainer und Elisabeth von Savoyen:

[75B] Ezh. Maria Karolina *Mailand 1821 †Mailand 1844

[70A] Ezh. Leopold *Mailand 1823 †Schloß Hernstein bei Baden 1898

Der älteste von fünf Söhnen schlug eine erfolgreiche militärische Laufbahn ein, aus der er aber aus Gesundheitsgründen – er litt an Epilepsie – 1880 ausscheiden mußte. Bis zu seinem Tode lebte er abgeschieden auf dem vom Vater ererbten und mit großem Kostenaufwand von Theophil Hansen im Stil der englischen Gotik umgebauten Schloß Hernstein, wo er auch starb.

[93D] Ezh. Ernst *Mailand 1824 †Arco 1899

Sein Privatleben sorgte für ständiges Aufsehen: Nicht nur, daß er ständig hohe Spielschulden hatte, für die seine Brüder einen eigenen Tilgungsfonds schaffen mußten, war er angeblich auch mit einer ungarischen Gutsbesitzerin in einer von Kaiser Franz Josef nicht gebilligten Ehe verbunden.

• **Nebenlinie Habsburg-Este:**

[94D] Ezh. Adelgunde von Bayern *Würzburg 1823 †Würzburg 1914, Tochter von König Ludwig I. von Bayern und Therese von Sachsen-Hildburghausen, Gemahlin von Herzog Franz V. von Modena-Este

1842 heiratete sie Franz V. [101], den letzten regierenden Herzog von Modena. Nach dessen Tod 1875 kehrte sie nach Bayern zurück, wo ihr Bruder Prinz Luitpold die Regentschaft in Bayern übernahm und sie als „Tante Modena" die graue Eminenz bei Hof wurde und alle familiären und gesellschaftlichen Verpflichtungen einer ersten Dame im Staat übernahm. Nebenbei förderte sie auch den Einfluß des Wiener Hofes in München.

Weitere in den Kolumbarien der Ferdinandsgruft ruhende Mitglieder des Kaiserhauses:

[74B] Ezh. Maria Anna *Wien 1835 †Wien 1840, Tochter von Ezh. Franz Karl [135] und Sofie von Bayern [137], Schwester Kaiser Franz Josefs

[78B] Ezh. Sofie Friederike *Wien 1855 †Budapest 1857, Tochter von Kaiser Franz Josef [142] und Elisabeth [143] in Bayern

[99D] Infantin Maria Theresia von Portugal *Heubach 1855 †Wien 1944, Tochter des portugiesischen Thronprätendenten Michael von Braganza und der Prinzessin Löwenstein-Wertheim-Rosenberg, 3. Gemahlin von Ezh. Karl Ludwig, dem jüngeren Bruder von Kaiser Franz Josef; Stiefmutter des Thronfolgers Franz Ferdinand

Knapp 18-jährig heiratete sie den schon zweimal verwitweten, mehr als 20 Jahre älteren Bruder Kaiser Franz Josefs, der bereits vier Kinder hatte und ein jähzorniger, berüchtigt eifersüchtiger Mann war. Nach dem Tod Kronprinz Rudolfs nahm sie 1889 als Gattin des nunmehrigen Thronfolgers nach der meist verreisten Kaiserin Sisi die Stelle der Ersten Dame des Reiches ein. Diese füllte sie auch nach dem Tod ihres Mannes aus, da ihr Stiefsohn Franz Ferdinand, der neue Thronfolger, unstandesgemäß verheiratet war. Sie war auch Ehestifterin für dessen Neffen, den späteren Kaiser Karl und Kaiserin Zita.
Im Ersten Weltkrieg arbeitete sie als Krankenschwester. Nach dem Zusammenbruch der Monarchie ging sie mit dem letzten Kaiserpaar ins Exil nach Madeira, verbrachte aber ihren Lebensabend wieder in Wien, wo sie kurz vor Ende des Zweiten Weltkrieges starb.

Die Ferdinandsgruft vor der Erweiterung und vor der Abmauerung der Nischen in Richtung Neue Gruft.

Toskanagruft

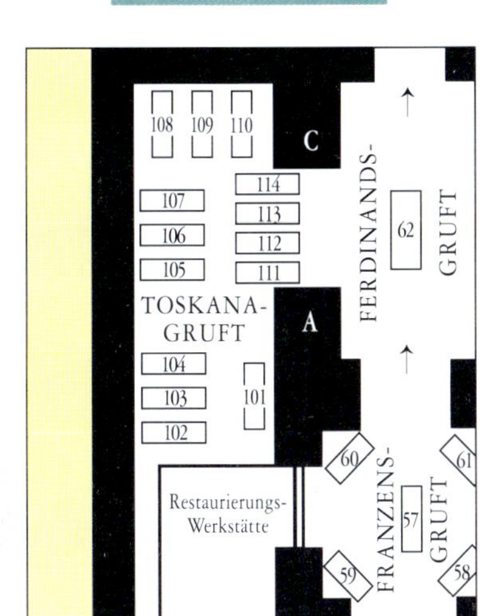

Diese ursprünglich 21 m lange und 5 m breite Gruft entstand gleichzeitig mit der **Ferdinandsgruft** und ist von ihr nur durch einen Torbogen getrennt. Ihren Namen erhielt sie nach der von Kaiser Franz I. Stefan begründeten Nebenlinie Habsburg-Toskana.

Der an die **Franzensgruft** anschließende Teil wurde 1964 durch eine Glaswand abgetrennt, um Platz für eine eigene Werkstätte zu schaffen, wo Reparaturarbeiten an Ort und Stelle ausgeführt werden können.

Ursprünglich zu einem unansehnlichen Sargdepot mit fast fünfzig Särgen degradiert, beherbergt sie heute durch den Zubau der Neuen Gruft und die Umbettung zahlreicher Leichname in die Wandnischen der Ferdinandsgruft nur mehr 14 Särge. Sie sind durchgehend sehr schlicht gehalten, die aus dem frühen 19. Jh. vorwiegend aus Kupfer, die aus dem späten 19. Jh. in der rechten Nische aus Gelbguß.

Heute liegen in der Toskanagruft bestattet:

- **Ezh. Maria Christina und Gemahl Albert von Sachsen-Teschen** [112 und 111]
- **Kaiser Leopold II. und Kaiserin Maria Ludovica** [113 und 114], zwei Söhne [103 und 104] und zwei Nachkommen aus der Linie Habsburg-Toskana [108 und 109]
- **Maria Karolina, Königin beider Sizilien** [107]
- **Ezh. Ferdinand Karl und Gemahlin Herogin Maria Beatrix d'Esté** [105 und 106] und Nachkommen [101 und 102]
- **Ezh. Rainer der Jüngere** [110], Enkel von Kaiser Leopold II.

Ein Blick in die Toskanagruft.

[112] Ezh. Maria Christina *Wien 1742 †Wien 1798, Tochter von Kaiser Franz I. Stefan und Maria Theresia; Gemahlin von Herzog Albert-Kasimir von Sachsen-Teschen

Die intelligente und künstlerisch begabte Lieblingstochter Maria Theresias heiratete 1766 in Preßburg den gleichaltrigen Herzog Albert-Kasimir, den Maria Theresia schon ein Jahr vorher zum Statthalter in Ungarn ernannt hatte. Es war die einzige Liebesheirat, die Maria Theresia einem ihrer Kinder zugestand. Nur Kindersegen blieb ihnen versagt. Maria Christinas einziges Kind, Christina [54], starb bei der Geburt und liegt neben seinen Großeltern in der Maria Theresia-Gruft in einem winzigen Sarg von ***Balthasar Moll.***

Die enge Bindung Maria Christinas zu ihrer kaiserlichen Mutter, aber auch die innige Freundschaft, die sie mit ihrer Schwägerin, der Infantin Isabella verband, lösten bei ihrem ältesten Bruder Josef heftige Eifersucht aus. Um endlich mit der „Weiberwirtschaft" aufzuräumen, entfernte er nach dem Tod der Mutter 1780 seine drei Schwestern vom Wiener Hof: Maria Christina und ihren Gatten Albert ernannte er zu Statthaltern in den Niederlanden, die „gelehrte Marianne" wurde Äbtissin in Klagenfurt, und die einstmals schöne, später aber durch Pockennarben und einen Kropf entstellte Elisabeth, „die kropferte Lisl", Äbtissin in Innsbruck.

Eine glänzende Hofhaltung in Brüssel konnte nicht über die Tatsache hinwegtäuschen, daß Josef alle politischen Fäden in seiner Hand behalten wollte.

Die französische Besetzung des Landes setzte ihrer unbefriedigenden politischen Laufbahn in den Niederlanden ein Ende. Erschöpft und verarmt kehrten sie wieder nach Wien zurück, wo sich bei Maria Christina immer öfter Zeichen einer schwächer werdenden Gesundheit und wachsender Melancholie bemerkbar machten. 1798 verschied sie nicht unerwartet im Alter von 56 Jahren. Albert ließ „der besten Gattin" in der Hofpfarrkirche ***St. Augustin*** *von Antonio Canova ein wunderschönes Grabmal aus Carraramarmor setzen.*

• ***ehem. Hofpfarrkirche St. Augustin,*** *Grabmal* *(s.S. 196)*

[111] **Herzog Albert-Kasimir von Sachsen-Teschen** *Moritzburg bei Dresden 1738 †Wien 1822, Sohn von Friedrich August II., König von Polen und Kurfürst von Sachsen und der Habsburgerin Ezh. Maria Josefa; Statthalter von Ungarn und der Niederlande

1760 kam Albert an den Wiener Hof, wo er bald die Zuneigung Maria Christinas errang. Die Eheschließung konnte aber erst nach dem Tod von Kaiser Franz I. Stefan erfolgen.
Alberts große Liebe gehörte der Kunst. Zusammen mit seiner Gattin legte er den Grundstein für die Graphische Sammlung Albertina, mit fast zwei Millionen Exponaten die größte der Welt.
1805 ließ Albert die von seiner Gattin Maria Christina angeregte Albertinische Wasserleitung fertigbauen, die den Grundstein zu einer großzügigen Wasserversorgung der westlichen Vorstädte Wiens bildete.

• ***Graphische Sammlung Albertina,*** *Abertinaplatz*

[113] **Kaiser Leopold II.** *Wien 1747 †Wien 1792, (röm.-dt. Kaiser 1790–92), Sohn von Kaiser Franz I. Stefan und Maria Theresia, als Großherzog von Toskana Pietro Leopoldo I. 1765–1790

Als Großherzog von Toskana setzte er in seiner 25-jährigen Regierungszeit ein beachtliches staatspolitisches Reformwerk um. Der plötzliche Tod seines kinderlosen Bruders Josef brachte ihn 1790 auf den Kaiserthron und damit in die kaiserliche Hauptstadt Wien zurück. Hier wollte er seine Reformen auf Reichsebene fortsetzen. Eine mit einer Rippenfellentzündung gepaarte Lungenentzündung machte jedoch alle Hoffnungen zunichte. Der Kaiser starb erst 45-jährig, hinterließ aber eine große Nachkommenschaft von 16 Kindern. Sein Bruder Josef hatte ihn als „trefflichen Bevölkerer" bezeichnet.

[114] Kaiserin Maria Ludovika [von Neapel-Sizilien], *Neapel 1745 †Wien 1792, Tochter von Karl III. von Spanien und Maria Amalia von Sachsen; Gemahlin Kaiser Leopolds II.

Detail des Sarges von Kaiserin Maria Ludovica von Neapel-Sizilien.

Ursprünglich war die in Süditalien aufgewachsene Maria Ludovika für den zweitältesten Sohn Maria Theresias vorgesehen gewesen. Durch dessen frühen Tod trat aber Leopold an seine Stelle. 1765 wurde in Innsbruck prunkvoll Hochzeit gehalten, die allerdings vom plötzlichen Tod des Bräutigamvaters, Kaiser Franz I. Stefan [56], überschattet war.

*Innerhalb von nur 21 Jahren schenkte Maria Ludovika ihrem Gatten eine reiche Nachkommenschaft: Maria Theresia (*1767), die spätere Königin von Sachsen; Franz (*1768), den späteren Kaiser [57]; Ferdinand III. (*1769), den späteren Großherzog von Toskana; Maria Anna (*1770); Karl Ludwig (*1771), den späteren „Sieger von Aspern" [122]; Alexander Leopold (*1772) [64A]; Albrecht (*1773), der einjährig verstarb; Maximilian (*1774), der 4-jährig verstarb; Josef Anton (*1776), den späteren Palatin von Ungarn; Maria Klementina (*1777), die spätere Kronprinzessin von Neapel-Sizilien; Anton Viktor (*1779), den späteren Hochmeister des Deutschen Ordens [1o3]; Maria Amalia (*1780) [65A]; Johann (*1782), den „steirischen Prinzen" und späteren Reichsverweser, einen der volkstümlichsten Mitglieder des Kaiserhauses; Rainer Josef, (Rainer d. Ä.) (*1783), Vizekönig des lombardo-venetianischen Königreichs; Ludwig Josef (*1784), der später die Regentschaft für Kaiser Ferdinand I. übernahm [104] und Rudolf (*1788), den späteren Fürsterzbischof von Olmütz [119].*

• ***Schloß Schönbrunn,*** Vieux Laque Zimmer, Gemälde von Maria Ludovika

[103] Ezh. Anton Viktor *Florenz 1779 †Wien 1835, 8. Sohn von Kaiser Leopold II. und Maria Ludovika; Großmeister des Deutschen Ordens

21-jährig zum Fürstbischof von Münster und Kurfürsten von Köln gewählt, konnte er die beiden Reichswürden aber aufgrund der französischen Besetzung der linksrheinischen Gebiete nicht antreten. Nach Wien zurückgekehrt, wurde er nach Ablegung der Ordensgelübde zum Deutschordensritter geschlagen. Nach der Resignation seines Onkels Maximilian Franz übernahm Anton Viktor die Leitung des Ordens. 1805 wurde er als letzter Hochmeister in der Hofkirche zu Mergentheim inthronisiert, bevor der Orden 1809 in allen Rheinbundstaaten durch Napoleon aufgelöst und auf die Gebiete der österreichischen Monarchie beschränkt wurde.

[104] Ezh. Ludwig Josef *Florenz 1784 †Wien 1864, 11. Sohn von Kaiser Leopold II. und Maria Ludovika

Mit seinem Bruder, Erzherzog Johann, studierte er in England industrielle Einrichtungen und versuchte die neuesten Erkenntnisse auf dem Gebiet der Industrialisierung auch in Österreich einzuführen.
1848 wurde er für seine Verdienste um die Förderung der Wissenschaften Ehrenmitglied der Akademie der Wissenschaften. Politisch war Ludwig ein strenger Vertreter des Absolutismus und Schirmherr Metternichs in der „Staatskonferenz", die die eigentlichen Regierungsgeschäfte für den kranken Kaiser Ferdinand führte. Die Revolution 1848 beendete seine politische Karriere, er zog sich ins Privatleben zurück.

[109] Großherzog Leopold II. von Toskana *Florenz 1797 †Rom 1870, Sohn von Großherzog Ferdinand III. von Toskana und Marie Luise von Neapel-Sizilien

Trotz einer vorbildlichen Aufbauarbeit in seinem Land wurde der antiliberale Großherzog ein Opfer der italienischen Einigungsbewegung von 1859, mußte abdanken und das Land verlassen. Seinen Lebensabend verbrachte er in Salzburg und Böhmen. Obwohl er auf einer Wallfahrt in Rom starb, wurde er in der Kaisergruft beigesetzt, wo auch seine Urne mit Herz und Intestina ruht.

[108] Großherzog Ferdinand IV. von Toskana, „Nando“ *Florenz 1835 †Salzburg 1908, Sohn von Großherzog Leopold II. von Toskana und Maria Antonia von Sizilien

Mit ihm endete die Regentschaft der Linie Habsburg-Toskana. Obwohl sein Vater 1859 zugunsten seines 24-jährigen Sohnes auf alle Regierungsgeschäfte verzichtet hatte, konnte Ferdinand durch die gleichzeitige Thronentsetzung seiner Familie durch die italienische Nationalversammlung die Regierung nie antreten. Ein Jahr darauf schloß sich die Toskana dem neuentstandenen italienischen Staat an. Die Familie begab sich ins Exil nach Salzburg.

[107] Ezh. Maria Karolina (auch Maria Charlotta) *Wien 1752 †Hetzendorf bei Wien 1814, Tochter von Kaiser Franz I. Stefan und Maria Theresia; Gemahlin König Ferdinands IV. von Neapel-Sizilien

Nach dem Tod ihrer älteren Schwester Maria Josefa [46], die an den Blattern starb, wurde Maria Karolina dazu bestimmt, den erst 17-jährigen König Ferdinand IV./III. von Neapel-Sizilien zu heiraten. In ihrer neuen Heimat profilierte sie sich an der Seite des politisch recht uninteressierten Königs bald als eine tüchtige, wenn auch in der Wahl ihrer Berater nicht immer glückliche Politikerin, der es trotz mehrmaliger Flucht gelang, das durch die Napoleonischen Kriege in seiner Existenz bedrohte Land durch die Wirren der Zeit zu manövrieren. 1813 mußte sie ihre Heimat für immer verlassen und kam nach Wien, wo sie an einem Schlaganfall in Schloß Hetzendorf bei Wien verschied – nur wenige Monate, bevor der Wiener Kongreß ihrem Gatten Ferdinand IV. die Rückgabe seines Königreiches bestätigte, womit zumindest das Vermächtnis dieser so entschlossen für die Interessen ihrer Familie kämpfenden Königin erfüllt wurde. Sie gebar ihrem Mann 17 Kinder, darunter auch Maria Theresia Karolina [60], die zweite Gemahlin Kaiser Franz II./I.

[105] Ezh. Ferdinand Karl Anton *Wien 1754 †Wien 1806, 4. Sohn von Kaiser Franz I. Stefan und Maria Theresia; Generalgouverneur der Lombardei, Begründer des Hauses Habsburg-Este

Infolge seiner Ehe mit Maria Beatrix d'Este, der er schon als Kind versprochen war, ließ er sich in Mailand nieder, wo er 1780 die Nachfolge des Großvaters seiner Frau als Statthalter der Lombardei antrat. Politisch blieb er aber wie seine ältere Schwester Maria Christina als Statthalterin der Niederlande machtlos. Josef II. ließ dem jüngeren Bruder wenig Spielraum. Trotzdem erfreute sich das Paar nicht zuletzt wegen seines sozialen Engagements unter der Bevölkerung großer Beliebtheit. Napoleons Einmarsch in Mailand zwang die Familie zur Flucht. Nach Aufenthalten in Triest und Brünn ließ sich die Herzogin mit einem Teil der Kinder in Wiener Neustadt nieder, während der Vater mit den älteren Söhnen im Schloß Belvedere in Wien Residenz bezog.

Herzogin Maria Beatrix d'Este mit ihrem Gemahl Ezh. Ferdinand Karl.

[106] Herzogin Maria Beatrix d'Este *Modena 1750 †Wien 1829, Herzogin von Massa und Carrara, Tochter von Herkules III. Reginald von Modena und Maria Theresia von Cybo-Malaspina, Gemahlin von Ezh. Ferdinand Karl

1814 trat sie die Regierung der von ihrer Mutter ererbten Herzogtümer Massa und Carrara an, die nach ihrem Tod 1829 mit Modena vereinigt wurden. Ihrer glücklichen Ehe mit dem Habsburger entsprossen 9 Kinder, darunter Maria Theresia, die spätere Gemahlin König Viktor Emanuels I.; Maria Leopoldine, die spätere Kurfürstin von Bayern; Ferdinand Karl [102], der spätere Generalgouverneur der Lombardei; Maximilian Josef, der spätere Hochmeister des Deutschen Ordens und Maria Ludovika [58], die 3. Gemahlin Kaiser Franz II./I.

[102] Ezh. Ferdinand Karl *Mailand 1781 †Ebenzweier/Oberösterreich 1850, Sohn von Ezh. Ferdinand Karl Anton und Maria Beatrix d'Este; Bruder von Kaiserin Maria Ludovika

Ab 1799 nahm der Enkel Maria Theresias an zahlreichen Schlachten gegen Napoleon teil, wurde Oberkommandierender der Armee in Deutschland, erhielt nach der Dreikaiserschlacht von Austerlitz 1805 das Generalkommando in Böhmen, Mähren und Ungarn und war jahrelang als Zivil- und Militärgouverneur in Galizien tätig.

[101] Herzog Franz V. von Modena
*Modena 1819 †Wien 1875, Sohn von Herzog Franz IV. von Modena und Marie Beatrix von Sardinien; 1859 entthront

Franz V., Herzog von Modena mit Gemahlin Adelgunde [94D].

Da Franz V. keine Nachkommen hatte, gingen nicht nur sein großes Familienvermögen und der Titel, sondern auch die wertvollen, über Jahrhunderte zusammengetragenen Kunstsammlungen der Familie Este an Erzherzog Franz Ferdinand über. Viele Objekte dieser Sammlung befinden sich heute im Besitz des Kunsthistorischen Museums.

Ezh. Rainer (links hinten stehend) mit seiner Gemahlin Marie Karoline (vor ihm sitzend) und anderen Mitgliedern der kaiserlichen Familie.

[11o] Ezh. Rainer Ferdinand der Jüngere *Mailand 1827 †Wien 1913, Sohn von Ezh. Rainer Josef (Rainer d. Ä.) und Marie Elisabeth von Savoyen

Nachdem sich der sehr liberal orientierte Rainer politisch in den Jahren nach der Revolution 1848 nicht behaupten konnte, zog er sich völlig aus der Politik zurück und widmete sich den Wissenschaften und Künsten. Er war Ehrenmitglied der Akademie der Wissenschaften und 1873 Präsident der Weltausstellungskommission. Auch als Sammler von Büchern und Handschriften hatte er einen guten Namen. Es gelang ihm auch, die etwa 100.000 Stück umfassende Papyrussammlung „El Fayum" nach Wien zu bringen, wo er ihre Restaurierung und Katalogisierung finanzierte. Sie ist heute Hauptbestandteil der Papyrussammlung der Österreichischen Nationalbibliothek.

- **Nationalbibliothek:** Papyrussammlung

Neue Gruft

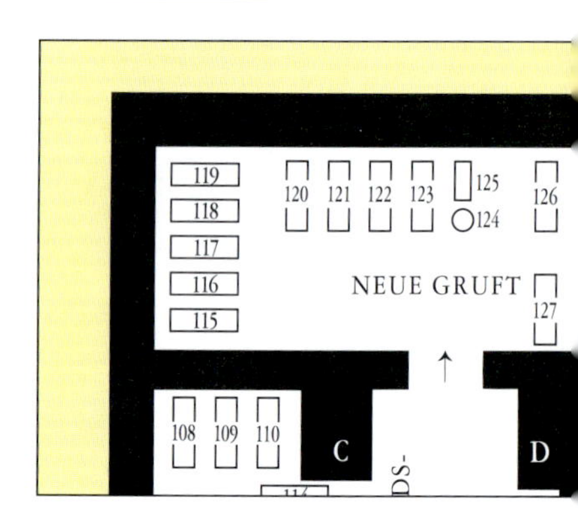

Zur Entlastung der beengten Gruft, der Schaffung eines klimatisch günstigen Raumes und der besseren Erhaltung der Särge – der Platzmangel in der Toskangruft hatte jede Pflege der Objekte unmöglich gemacht – wurde 1960 mit dem Bau der Neuen Gruft nach Plänen von Architekt **Karl Schwanzer**

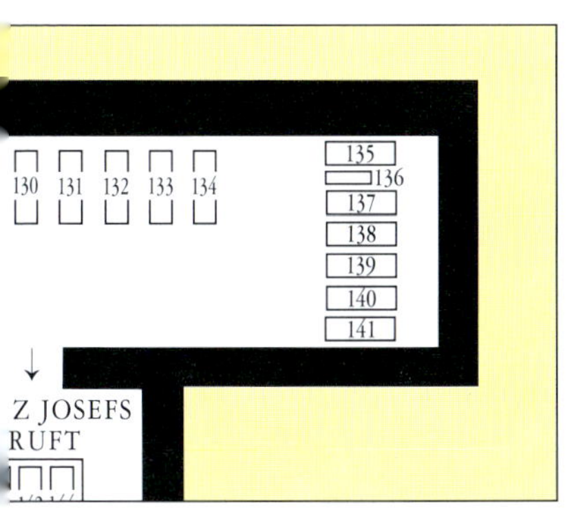

begonnen: „Die neue Gruft ... will nicht mit der Baugestaltung vergangener glorreicher Epochen des österreichischen Kaiserreiches konkurrieren, sie will nur ihren Zweck erfüllen, bescheidene, aber doch würdevolle Ruhestätte historischer Persönlichkeiten sein".

Neue Gruft, 1962, von Architekt Karl Schwanzer.

Sie ist 280 m² groß und bietet Raum für 26 Särge. 1600 m³ Erde mußten ausgehoben werden, 195 m³ Beton und 9 t Stahlbewehrung wurden verbaut. 1961 waren die Arbeiten abgeschlossen, die Gruft konnte von **Kardinal Franz König** eingeweiht werden. Ihre unbearbeiteten Betonwände sollen den Eindruck eines ausgeschachteten Grabes vermitteln.
Gleichzeitig mit der Neuen Gruft wurde auch der Gruftabgang neu gestaltet und mit Marmorplatten eingefaßt, die Grabnische für die Gräfin Fuchs neu adaptiert, die Kolumbarien in der Leopoldsgruft und der Ferdinandsgruft angelegt bzw. durch technisch sehr aufwendige Trockenlegungsarbeiten im Mauerwerk auch die Grundlage für eine Sanierung der Särge gelegt.

In der Neuen Gruft sind beigesetzt:

- **Bischöfe und Erzbischöfe** [115–119]
- **Kaiserin Marie Louise** [127], Gemahlin von Napoleon I.
- **Mitglieder der Nebenlinie Habsburg-Karl und zahlreiche Nachkommen von Ezh. Karl und Henriette von Nassau** [120–125], [128–131]

- **Kaiser Maximilian von Mexiko** [126]
- **Zwei Mitglieder der Linie Habsburg-Toskana**
- **Die Eltern von Kaiser Franz Josef** [135, 137]
- **Die Eltern des Thronfolgers Franz Ferdinand** [138, 139] **und erste Gemahlin von Ezh. Karl Ludwig**
- **Die Eltern von Kaiser Karl** [140, 141]

Bischöfe und Erzbischöfe aus den Häusern Habsburg und Lothringen:

[115] Ezh. Leopold Wilhelm

*Graz 1614 †Wien 1662, Sohn von Kaiser Ferdinand II. und Maria Anna von Bayern; Generalstatthalter der Niederlande, Hoch- und Deutschmeister

Sein ganz links bei der Wand stehender hoher Truhensarg ist eine Arbeit **Lothar Soms**. Besonders auffallend ist das Wappenschild am Deckel, das durch das Kreuz des Deutschen Ordens in vier Felder geteilt, achtzehn verschiedene Wappen des Hauses Österreichs aufweist. An den Seitenwänden zieren weitere Wappenschilder seiner geistlichen Herrschaften den Sarg, sie sind eingesäumt von Symbolen des geistlichen Standes wie Kelch, Vortragskreuz, Kerzenleuchter, Pastorale, Priesterhut und Mitra.

Symbole des geistlichen Standes am Sarg von Ezh. Leopold Wilhelm.

Bereits mit 11 Jahren wurde Leopold Wilhelm Koadjutor seines Onkels Ezh. Leopold V. in den Bistümern Passau und Straßburg, dessen Nachfolge der noch Minderjährige bald antrat. 13-jährig wurde er zum Bischof von Halberstädt gewählt, 22-jährig in dieser Position vom Papst bestätigt. 1636 wurde ihm auch das Bistum Olmütz anvertraut, 1655 das Bistum Breslau. 1641 war er als Hochmeister des Deutschen Ordens in Wien inthronisiert worden. Neben seinen geistlichen Pflichten war er auch militärisch tätig.

Erzh. Leopold Wilhelm inmitten seiner Gemäldesammlung; Gemälde von David Teniers (Kunsthist. Museum, Wien).

1639 übernahm er den Oberbefehl über die kaiserliche Armee im 30-jährigen Krieg, vertrieb die Schweden aus Böhmen und Schlesien und organisierte beim Herannahen der Schweden den Widerstand der Wiener. Zehn Jahre verbrachte er als Statthalter der Generalstaaten in Brüssel, damals eines der wichtigsten Kunsthandelszentren Europas. Dort legte er mit dem Kauf ganzer Galerien von italienischen und flämischen Meistern, aber auch Zukäufen aus der umfangreichen Sammlung des unter Oliver Cromwell hingerichteten englischen Königs Karls I. und des Herzogs von Buckingham den Grundstock für eine riesige Gemäldesammlung, die heute einen wesentlichen Bestandteil des Kunsthistorischen Museums in Wien ausmacht.

• **Kunsthistorisches Museum**

Die Särge von Leopold Wilhelm [115], Karl Josef [116] und Karl Josef von Lothringen [117].

[116] Ezh. Karl Josef *Wien 1649 †Linz 1664, Sohn von Kaiser Ferdinand III. und seiner 2. Gemahlin Maria Leopoldina von Tirol; Bischof von Olmütz, Hoch- und Deutschmeister

Der frühbarocke Truhensarg ist ebenfalls eine signierte Arbeit **Lothar Soms**. Den Deckel zieren ein Wappenschild, Christus am Kreuz und Maria mit den sieben Schwertern, zusätzlich noch ein mit Knochen unterlegter Totenkopf, eine Kartusche mit dem Monogramm CJ und der Erzherzogshut. An den Seitenwänden finden wir Insignien geistlicher Würde. Geflügelte Engelsköpfe zieren die Ecken.

Bereits mit 13 Jahren trat Karl Josef 1662 das Erbe seines überraschend verstorbenen Onkels Ezh. Leopold Wilhelm als Bischof von Olmütz und Hochmeister des Deutschen Ordens an, wobei alle damit verbundenen Rechte bis zur Erreichung seiner Großjährigkeit ruhen sollten. Leopold Wilhelm hatte ihn auch zum Universalerben seines riesigen Vermögens und seiner Kunstsammlungen eingesetzt. Er starb aber schon 15-jährig an einer „abzehrenden Krankheit“ in Linz, wohin er zur Erholung geschickt worden war.

[118] Ezh. Maximilian Franz *Wien 1756 †Hetzendorf bei Wien 1801, jüngster Sohn von Kaiser Franz I. Stefan und Maria Theresia; Kurfürst-Erzbischof von Köln und Fürstbischof von Münster, Hochmeister des Deutschen Ordens

Schon früh von seiner Mutter für den geistlichen Stand bestimmt, wurde er 1770, nur 14-jährig, in der Augustinerkirche zum Deutschen Ordensritter geschlagen, 1784 trat er die Regierung in seiner

neuen Heimat, dem Erzbistum Köln und im Fürstbistum Münster an. Der Vormarsch der französischen Revolutionsheere vertrieb ihn nicht nur vom linken Rheinufer, sondern auch aus Mergentheim, seiner Residenzstadt. Als letzter Kurfürst-Erzbischof von Köln und Fürstbischof von Münster starb er 1801 verbittert und schwer krank als Flüchtling in Schloß Hetzendorf bei Wien.
Da sein Leichnam trotz Einbalsamierung infolge der Sommerhitze rasch verfiel und man die Lieferung eines metallenen Sarkophags nicht abwarten konnte, wurde sein Sarg in der Mauernische der Maria Theresia-Gruft eingemauert. (Dieser Platz war ursprünglich für die Gräfin Fuchs-Mollardt bestimmt.) Heute ruht Maximilian Franz in einem einfachen Kupfersarg neben den anderen geistlichen Würdenträgern.

[119] Ezh. Rudolf *Florenz 1788 †Baden bei Wien 1831, jüngster Sohn von Kaiser Leopold II. und Maria Ludovika von Spanien; Fürsterzbischof und Kardinal von Olmütz

Ursprünglich für eine militärische Karriere bestimmt, wählte Rudolf, das jüngste von 16 Kindern, den geistlichen Stand. 1805 wurde er Koadjutor des Erzbischofs von Olmütz, 1819 Kardinal und 1820 Erzbischof von Olmütz. Sein Amtsstil war wie der seines Onkels Maximilian Franz von Reformen geprägt, mit denen er oft im Gegensatz zur Amtskirche, aber auch dem deutschzentralen Josefinismus Kaiser Franz II./I., stand. Durch seine Sprachenverordnung im Priesterseminar seiner Erzdiözese förderte er vor allem mährische Priesterstudenten aus ärmeren, bäuerlichen Verhältnissen.
1829 legte er mit der aus seinem Privatvermögen finanzierten Gründung der Witkowitzer Eisenwerke (heute: Vitkovice bei Ostrava) den Grundstein zur Entwicklung der Schwerindustrie im Gebiet von Mährisch-Ostrau. Die Rudolfhütte, in der der erste Kokshochofen Österreichs in Betrieb genommen wurde, diente vor allem dem Bau von Schienen für die von Wien nach Böhmen,

Mähren und Galizien führende Kaiser Ferdinand-Nordbahn. Rudolf war auch ein Freund und Förderer Beethovens, der ihm neben dem vierten und fünften Klavierkonzert und anderen Werken auch die „Missa Solemnis" widmete.
Der so vielseitig begabte Kardinal starb nach einem langjährigen Nervenleiden während eines Kuraufenthaltes in Baden bei Wien an Gehirnblutung. Sein Herz wurde in der Krypta des Domes von Olmütz beigesetzt.

[117] **Prinz Karl Josef von Lothringen** *Wien 1680 †Wien 1715, Sohn von Herzog Karl V. von Lothringen und Eleonora Maria von Habsburg [18]; Fürsterzbischof von Trier

Der geschweifte Truhensarkophag des Wiener Zinngießers **Hans Bacher** überragt alle anderen Särge dieser Reihe nicht nur in Größe, sondern auch an Pracht. Stilistische Eigenheiten weisen auf einen Entwurf von **Lukas von Hildebrandt** hin. Der Sarg wird von vier gekrönten Adlern mit Wappenschildern und von je einem Totenkopf mit gekreuzten Knochen in der Mitte der Längsseiten getragen. Der Deckel ist mit Zeichen seiner geistlichen Würde, unter anderem einer Mitra, versehen.

Karl Josef starb unerwartet bei einem Aufenthalt in Wien an den Blattern und wurde daher – obwohl kein Mitglied der kaiserlichen Familie – in dieser Stadt beigesetzt, zuerst in der Minoritenkirche, 1716 in der Kaisergruft, wobei die silberne Herzurne auf dem Sarg steht.

Kaiserin Marie Luise (Ezh. von Österreich) im Krönungsornat, Aquarell von Sigmund von Perger (1820).

[127] Kaiserin Marie Louise (Ezh. Maria Ludovica) *Wien 1791 †Parma 1847, Tochter von Kaiser Franz II./I. und Maria Theresia, Prinzessin beider Sizilien; 2. Gemahlin Kaiser Napoleons I.; Herzogin von Parma, Piacenza und Guastalla

Ihr Sarg ist aus Kupfer mit einfachen Rahmenverzierungen an den Seitenwänden.

Obwohl ihr schon von Jugend auf eine große Abneigung gegen Frankreich und den Erzfeind Österreichs, Napoleon, eingeimpft worden war, wurde ausgerechnet Marie Louise 1810 mit diesem aus staatspolitischen Erwägungen vermählt. Die Prokuratsheirat fand in der Hofpfarrkirche St. Augustin in Wien statt. In der Kapelle des Louvre trat sie mit Napoleon vor den Traualtar.
1811 kam in einer schweren Niederkunft der heißersehnte Thronfolger zur Welt, der auf den Namen Franz Josef Karl getauft wurde und schon bei der Geburt den Titel eines Königs von Rom erhielt. Die Stadt Paris machte ihm eine Prunkwiege aus vergoldetem Silber zum Geschenk, heute eine der Hauptattraktionen der Weltlichen Schatzkammer in der Hofburg.

Sarkophag von Ezh. Leopold Josef.

Erzherzogshut überhöhte Wappenschild und die Schrägkanten des Deckels. Die Puttenköpfe an den Ecken und der Löwenkopf mit dem gewundenen Tragring bringen weitere Bewegung in die sonst so ruhige Sargform.

Detail der Seitenansicht vom Sarg Ezh. Leopold Josefs.

[9] **Ezh. Maria Anna** *Wien 1683 †Lissabon 1754, Königin von Portugal (**nur Herzurnenepitaph**)

Der mit reicher Rokoko-Ornamentik versehene Herzurnenepitaph der portugiesischen Königin befindet sich unmittelbar vor den Kolumbarien der Leopoldsgruft.
Ihre übrigen sterblichen Überreste liegen in der Kirche der Barfüßigen Karmeliter in Lissabon neben denen ihres Gatten Johann V. bestattet. Nur ihr Herz wurde von ihrem Beichtvater nach Wien gebracht. **Balthasar Moll** schuf die prächtige Arbeit in Zinnguß.
Den Unterbau ziert eine Doppelkartusche mit den Wappen Österreichs und Portugals und den jeweiligen Kronen. Die Herzurne selber steht auf einer von der portugiesischen Krone überragten Inschriftentafel.

Wie auch ihr Vater hochmusikalisch, wirkte Maria Anna an barocken Opernaufführungen des Wiener Hofes mit und zeichnete sich als gerühmte Tänzerin bei höfischen Balletten aus. 25-jährig wurde sie mit König Johann V. „dem Großmütigen" vermählt, dessen Regierung sich durch eine lange Friedenszeit auszeichnete.

[25] **Ezh. Maria Theresia**
*Wien 1684 †Ebersdorf bei Wien 1696

Was den schlichten Sarkophag, eine Arbeit von **Johann Philipp Stumpf**, auszeichnet, sind nicht nur die geflügelten unterkieferlosen Totenköpfe auf dem Sargunterteil, sondern vor allem

Eines der Medaillons von der Längsseite des Sargdeckels von Ezh. Maria Theresias.

Deckel des Sarkophages von Ezh. Maria Theresia.

die je drei feingravierten Medaillons mit Vergänglichkeitsmotiven an den Längsseiten des Deckels, die sich auf den frühen Tod der Erzherzogin beziehen.

Maria Theresia starb im Alter von 12 Jahren in Ebersdorf bei Wien an den Blattern, weshalb bei der Beisetzung in der Gruft auf eine letzte Öffnung des Sarges wegen Ansteckungsgefahr verzichtet wurde.

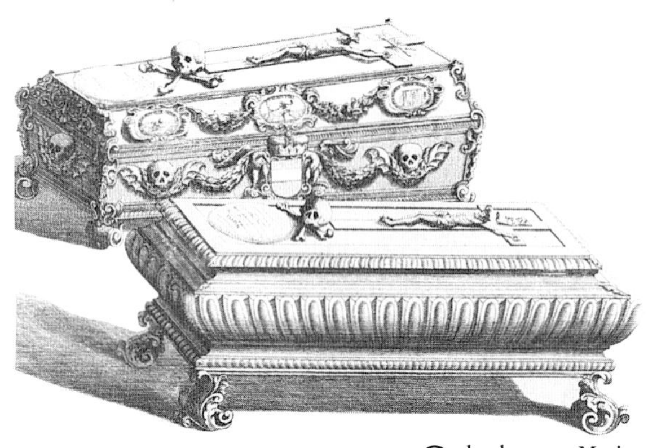

Sarkophag von Maria Theresia [25], Tochter von Leopol I. (oben) und von Ezh. Maria Josefa [16] (unten), Stich von Salomon Kleiner.

[16] Ezh. Maria Josefa
*Wien 1687 †Wien 1703

Der sehr markante Sarkophag, eine signierte Arbeit **Johann Philipp Stumpfs**, ist hinsichtlich Form und Dekor ohnegleichen in der Gruft. Er ist barock geschwungen, hat ein gekehltes Gesimse und einen mit Blattwerk und Pfeifen verzierten Deckel. Pfeifen und Blattwerkornamente dominieren auch an den bauchigen Wänden. Er steht auf vier geschnörkelten Blattwerkfüßen. Die Inschrift (in lateinischer Sprache) beginnt mit einem „Höre, du Tod! Was hast du im österreichischen (Lust)garten angerichtet, oh du böser Gärtner. Gerade im Frühling, wo überall die Blumen sprießen, ließest du eine ob ihrer Abstammung, Schönheit und Tugend edle Rose verwelken..." Wie ihre um drei Jahre ältere Schwester Maria Theresia starb auch sie an den Blattern.

[31] Ezh. Maria Magdalena *Wien 1689 †Wien 1743

Ihr Sarg war ursprünglich von **Johann Georg Pichler** angefertigt worden, wurde aber 1755 auf Geheiß Kaiserin Maria Theresias durch einen neuen von **Balthasar Moll** ersetzt.

Wenig ist über die zurückgezogen lebende und unverheiratet gebliebene Erzherzogin bekannt, außer daß sie ein besonders inniges Verhältnis zu ihrer Nichte Maria Theresia hatte. Sie starb 54-jährig an einer Lungenentzündung.

Die zwei jungverstorbenen Kinder Kaiser Karls VI.:

[30] Ezh. Leopold Johann *†Wien 1716; letzter männlicher Sproß des Hauses Habsburg

Der aus dem Jahr 1740 stammende hochbarocke, bauchig geschweifte Kindersarkophag wurde auf Anweisung Kaiser Karls VI. vom Salzburger Zinngießer **Hans Georg Lehrl** angefertigt und zieht durch seine unkonventionelle, bauchige Form sofort die Aufmerksamkeit des Besuchers auf sich. Über dem reichgeschmückten Deckel liegt ein in bewegte Falten geworfener Hermelinmantel, darüber auf einem Polster der österreichische Erzherzogshut. Ungewöhnlich hohe Löwenpranken tragen die Last des Sarges.

1716 trug Kaiser Karl VI. seinen einzigen Sohn, den knapp sieben Monate alten Leopold Johann, zu Grabe. „Ach, der Schmerz des Kaisers ist leichter zu erraten als mit Worten zu schildern", heißt es auf der Inschriftentafel. Mit Leopold Johann starb das Haus Habsburg im Mannesstamm aus. Da es sich bei dem jungen Prinzen um den Erstgeborenen handelte, wurde sein Leichnam trotz des zarten Alters von den kaiserlichen Leibärzten seziert und einbalsamiert und in einem silberdurchwebten Kleid auf einem Brokatkissen auf dem Paradebett aufgebahrt. Herz und Intestina wurden in zwei getrennten Behältern nach St. Stephan überführt.

[23] Ezh. Maria Amalia *Wien 1724 †Wien 1730

Ihr bauchig geschweifter Kindersarg steht dem ihres frühverstorbenen Bruders Leopold schräg gegenüber. Anders als dieser ist er von seinem Schöpfer **Hans Georg Lehrl** signiert.

Sarkophag von Ezh. Maria Amalia, Schwester von Kaiserin Maria Theresia.

Karlsgruft

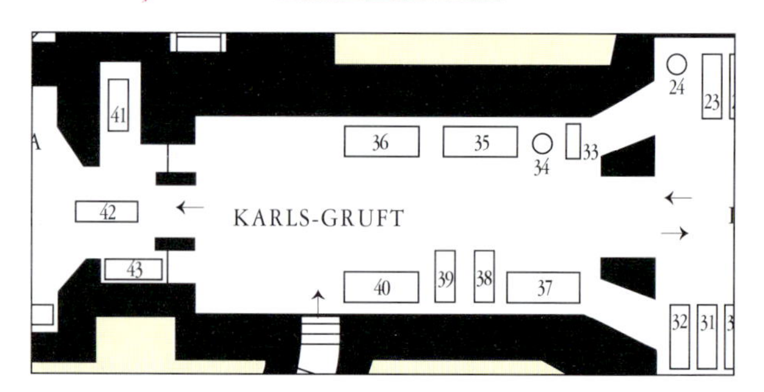

Sie ist die erste Gruft, die man über die Stiege vom Klostergang aus betritt und fasziniert gleich durch einige der schönsten Arbeiten der Kaisergruft. Sie befindet sich direkt unter dem Altarbereich und dem Mönchschor der Kapuzinerkirche und ist daher um einiges schmäler als die ältere, unter dem breiteren Kirchenschiff gelegene Leopoldsgruft, von der sie durch drei Rundbögen getrennt ist.

Die Wände sind durch profilierte Pilaster und Doppelpilaster gegliedert, das flache Tonnengewölbe durch stuckierte Gurten. Dabei fällt eine Uneinheitlichkeit in der Gewölbegestaltung auf: Der östliche, an die Leopoldsgruft anschließende Teil der Karlsgruft, schließt mit einem Stichkappengewölbe ab. Wahrscheinlich reichte bis hierher die 1701 noch unter Leopold I.

begonnene und wahrscheinlich von Josef I. beendete Erweiterung der kaiserlichen Begräbnisstätte durch die Karlsgruft.

Eine kleine, schon 1627 geweihte Kapelle unter dem Klosterchor wurde damals auch miteinbezogen, womit sich die Kaisergruft jetzt unter dem gesamten Kirchenraum erstreckte.
An Stelle des ursprünglichen Abgangs vom Kloster in die Mönchskapelle wurde eine neue Gruftstiege angelegt. Bis zu diesem Zeitpunkt konnte man die Gruft nur von der Kirche aus erreichen und zwar über einen Abgang, der sich heute noch gegenüber der Gründergruft befindet. Finanziert wurde der 1720 abgeschlossene Erweiterungsbau der Kaisergruft zum Großteil aus Mitteln der schlesischen Salzsteuer. Einiges spricht dafür, daß **Lukas von Hildebrandt** die Pläne sowohl für den Gruftzubau als auch für die Sarkophage Leopolds I. und Josefs I. lieferte.

Ansicht der Karlsgruft von der Maria Theresia Gruft.

Insgesamt ruhen in der Karlsgruft acht Habsburger:
- **Kaiser Leopold I. [37]**
- **Kaiser Josef I., Gemahlin** [nur Herz] **und Sohn [33 – 35]**
- **Kaiser Karl VI. und Gemahlin [40, 36]**
- **Ezh. Maria Elisabeth,** Tochter Kaiser Leopolds I. **[38]**
- **Ezh. Maria Anna,** Tochter Kaiser Karls VI. **[39]**

[37] Kaiser Leopold I. *Wien 1640 †Wien 1705 (röm.-dt. Kaiser 1657–1705) Sohn von Kaiser Ferdinand III. und seiner 3. Gemahlin Eleonora Gonzaga

Bei seinem reich profilierten Truhensarg, dessen Entwurf wahrscheinlich von **Lukas von Hildebrandt** stammt, zeigt sich eine vornehme hochbarocke Gestaltungsfreudigkeit. Ausführender Künstler war der Bildhauer **Tobias Kracker**. Der Guß wird **Johann Philipp Stumpf** zugeschrieben.

Leopold war einer der bedeutendsten Barockfürsten Europas, Begründer der österreichischen Großmachtstellung und Weichensteller für zukünftige Entwicklungen in Mitteleuropa. Unter ihm wurde Wien eine Stadt der barocken Kunst und Architektur, aber auch des barocken Theaters und der italienischen Oper, der großen Leidenschaft des Kaisers, der der Nachwelt über 200 geistliche und weltliche Kompositionen hinterlassen hat.

Seitenansicht des Sarges von Kaiser Leopold I.

- **Schloß Schönbrunn** *(errichtet anstelle des alten Jagdschlosses Katterburg)*
- **Peterskirche** *(Stiftung Leopolds I. als Schutzherr der Dreifaltigkeitsbruderschaft, der damals größten und bedeutendsten Laienbruderschaft)*
- **Pestsäule** *(Zu Ehren der Dreifaltigkeit und als Dank für das Ende der großen Pestepidemie des Jahres 1679)*

Frontansicht des Sarges von Leopold I.

[35] Kaiser Josef I. *Wien 1678 †Wien 1711 (röm.-dt. Kaiser 1705–1711), ältester Sohn von Kaiser Leopold I. und seiner 3. Gemahlin Eleonora Magdalena von Pfalz-Neuburg

Mit seinen vollplastischen Putten und Allegorien, Bildnismedaillons und Schlachtendarstellungen entsprach der Entwurf dieses überdimensionalen Sarkophags, der mit großer Sicherheit **Lukas von Hildebrandt** zuzuschreiben ist, ganz dem Geschmack barocker Staatsrepräsentation. Der langgestreckte Truhensarg, dessen Inschriftentafeln versilbert sind, ruht auf vier Harnischen, aus deren geöffneten Visieren Totenschädel blicken. Die Wände zieren Schlachtenszenen aus dem Spanischen Erbfolgekrieg.
Darüber befinden sich von lorbeerbekränzten Totenköpfen überhöhte versilberte Inschriftenkartuschen, darunter Kriegstrophäen. Den Deckel selbst ziert ein Polster mit Kaiserkrone, über die ein Putto einen Lorbeerkranz senkt. Ein zweiter Putto hält das Brustbildmedaillon des jungen Kaisers und verkündet mit seiner Tuba den Ruhm seines Herrn.

Schlachtszene auf der Vorderseite seines Sarkophags: die Befreiung Turins.

Der auf dem Vorderteil des Sarges dargestellte Sieg des kaiserlichen Feldherrn Prinz Eugen über die Franzosen bei Turin 1706 stellte nur einen Meilenstein in den politischen Ambitionen des Kaisers dar, dessen kurze Regierung von dynastischem Sendungsbewußtsein und Expansionswillen getragen war. Prinz Eugen war ihm ein genialer Feldherr, Ratgeber und Freund. Der frühe Tod des an Blattern erkrankten Kaisers gab der österreichischen Politik eine andere Richtung: Spanien mußte aufgeben werden. Außerdem mußten alle Kräfte in den Dienst der Kontinuität des Hauses Habsburg gestellt werden, Josef hatte keinen männlichen Erben hinterlassen.

• ***Josefs- oder Vermählungsbrunnen*** *auf dem Hohen Markt*

[34] Kaiserin Amalia Wilhelmina (auch Wilhelmina Amalia) von Braunschweig-Lüneburg *Lüneburg 1673 †Wien 1742, Gemahlin Kaiser Josefs I.; Schwiegermutter Kaiser Karls VII. aus dem Hause Wittelsbach

Herzurne von Kaiserin Amalia Wilhelmina.

Rechts neben dem monumentalen Sarg Josefs I. steht die aus schwarzem Marmor in Form eines Doppeladlers gearbeitete Herzurne seiner kaiserlichen Gemahlin Amalia Wilhelmina, auf der Brust des Adlers die einst aus Gold, später aus Messing gearbeitete „Herzkapsel“. Ihrem Vermächtnis gemäß wurde ihr Körper unter dem Hochaltar der Kirche Mariae Heimsuchung in dem von ihr gestifteten **Salesianerinnenkloster** (s. S. 202) am Rennweg beigesetzt. Nur ihr Herz ließ sie gemäß der lateinischen Inschrift auf dem Sockel der Herzurne „ihrem allerliebsten Gemahl zu Füßen legen“. Ihr einziger Sohn Leopold Josef (†1700) [33] ruht neben ihr. Er war eine Woche nach der Geburt an einem Wasserkopf gestorben.

Amalia Wilhelmina wurde als jüngste Tochter des 1651 zum Katholizismus konvertierten Herzogs Johann Friedrich von Braunschweig-Lüneburg, Begründer des Hauses Hannover, geboren. In Paris lernte die spätere Kaiserin die „Schwestern der Heimsuchung“ kennen, die sie in Wien ansiedelte. 1699 fand die Vermählung mit Josef I. statt.
Eine venerische Krankheit, mit der sie ihr Gemahl angesteckt hatte, verdüsterte das Eheleben und erlaubte ihr, nur drei Kindern das Leben zu schenken: Maria Josefa, der späteren Gemahlin des sächsischen Kurfürsten Friedrich August II. (als polnischer König August III.) und Mutter Herzog Alberts von Sachsen-Teschen [111]; Leopold Josef [33], der kaum einjährig starb; und Maria Amalia, der späteren Gemahlin Kurfürst Karl Albrechts von Bayern, der als Kaiser ***Karl VII.*** *in die Geschichte einging.*
Nach dem Tod ihres Gemahls zog sie es vor, sich in das von ihr gestiftete Salesianerinnenkloster zurückzuziehen, wo sie auch auf eigenen Wunsch beigesetzt wurde.

- ***Salesianerinnenkloster*** *auf dem Rennweg*

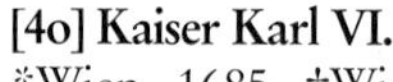

[4o] Kaiser Karl VI.
*Wien 1685 †Wien 1740 (röm.-dt. Kaiser 1711–1740), 2. Sohn von Kaiser Leopold I. und Eleonora Magdalena von Pfalz-Neuburg

Sein Sarg ist einer der überragendsten künstlerischen Leistungen der Gruft. Die Entwürfe stammen von **Johann Bernhard Fischer von Erlach, Daniel Gran und Michael Rottmayr** und wurden von den kaiserlichen Zinngießern **Johann Georg Pichler** und **Johann Nikolaus Moll** ausgeführt. Der Deckel wird von einer Allegorie der den Tod des Kaisers betrauernden Austria bekrönt. Mit der Rechten hält sie ein über einer Weltkugel in den Wolken schwebendes Bildnismedaillon des Kaisers hoch, darüber, ebenfalls von einem Wolkenensemble gehalten, ein Stern und eine zu einem Ring geschlossene Schlange als Ewigkeitssymbol.
Durch spätere Ergänzungsarbeiten von **Balthasar Moll** aus dem Jahre 1753 – Kaiserin Maria Theresia befand, der Sarg ihres Vaters wäre im Vergleich zum Sarg ihrer Mutter nicht prächtig genug – kamen dann an Stelle der zarten Rocaillen an den Ecken gekrönte Totenköpfe als Vergänglichkeitssymbole dazu, ebenso zwei Reliefkartuschen als Schmuck der Sargwände. Das Relief, das die dem Besucher zugewandte Längsseite ziert, stellt die Schlacht von Saragossa von 1710 dar – Schlachtenformationen und wehende Standarten, sterbende Soldaten und sich aufbäumende

*19-jährig wurde Maria Annunziata dem verwitweten jüngeren Bruder Franz Josefs vermählt. Trotz ihrer angegriffenen Gesundheit (sie litt an Epilepsie und einer Lungenkrankheit) schenkte sie vier gesunden Kindern das Leben: Franz Ferdinand (*1863), dem späteren Thronfolger; Otto (*1865), dem Vater des späteren Kaiser Karl; Ferdinand Karl (*1868), der 1911 nach einer unstandesgemäßen Ehe aus dem Kaiserhaus austrat und den bürgerlichen Namen Ferdinand Burg annahm, und Margarethe Sophie (*1870), die Äbtissin des adeligen Damenstiftes am Prager Hradschin wurde. Maria Annunziata verstarb jung an ihrer Lungenkrankheit.*

Die Eltern von Kaiser Karl, dem letzten Kaiser von Österreich und König von Ungarn und Böhmen:

[14o] Ezh. Otto *Graz 1867 †Wien 1906, Sohn von Ezh. Karl Ludwig und Maria Annunziata von Neapel-Sizilien; Bruder des Thronfolgers Franz Ferdinand

Das Verhältnis von Ezh. Otto, der nach dem Tod des Thronfolgers Rudolf hinter seinem Bruder Franz Ferdinand an die zweite Stelle der Thronfolge rückte, war zum Hof mehr als gespannt. „Der schöne Erzherzog" brachte diesen durch seine peinlichen Eskapaden in der Öffentlichkeit immer wieder in Verlegenheit. 36-jährig erlag er der Syphilis. Fast die gesamte Familie hatte mit ihm gebrochen. Nur seine Stiefmutter Maria Theresia hielt noch zu ihm.

Otto, Ezh. von Österreich, mit seiner Gattin Maria Josefa von Sachsen und seinen Söhnen Karl, dem späteren Kaiser, und Maximilian.

Da die Kinder seines älteren Bruders aus morganatischer (unebenbürtiger) Ehe stammten, trat sein ältester Sohn Karl die Thronfolge nach Kaiser Franz Josef an.

[141] Ezh. Maria Josefa von Sachsen *Dresden 1867 †Schloß Wildenwart/Oberbayern 1944, Tochter von König Georg von Sachsen und der Infantin Maria Anna von Portugal

Im Ersten Weltkrieg pflegte die Kaiserinmutter Kriegsverwundete in ihrem Palais Augarten, in dem sie ein Lazarett eingerichtet hatte. 1919 verließ sie mit der kaiserlichen Familie Österreich und teilte deren Exil. Ihr Begräbnis war eines der letzten in der Gruft.

Gedenktafel für den Thronfolger Ezh. Franz Ferdinand und Sophie Herzogin von Hohenberg:

Die Gedenktafel wurde 1986 in Anwesenheit von Mitgliedern des Hauses Habsburg und dem regierenden Fürstenpaar von Liechtenstein von Kardinal Franz König eingeweiht. Das Thronfolgerpaar selbst ruht in der Familiengruft des Schlosses Artstetten nordwestlich von Melk an der Donau, weil der aus keinem ebenbürtigen, regierenden oder reichsständischen Haus stammenden Gemahlin des Thronfolgers aufgrund der strengen Familiengesetze des Kaiserhauses die Kaisergruft verschlossen war.

ZUM GEDENKEN
AN DIE ERSTEN OPFER DES WELTKRIEGES 1914 - 1918
ERZHERZOG FRANZ FERDINAND VON ÖSTERREICH-ESTE
* GRAZ 18.12.1863 + SARAJEVO 28.6.1914
UND SOPHIE HERZOGIN VON HOHENBERG
* STUTTGART 1.3.1868 + SARAJEVO 28.6.1914
BEGRABEN IN DER GRUFT ZU SCHLOSS ARTSTETTEN

*Die tödlichen Schüsse des Gymnasiasten **Gavrilo Princip**, welche das Thronfolgerpaar am 28. Juni 1914 trafen, lösten den Ersten Weltkrieg aus.*

• **Heeresgeschichtliches Museum im Arsenal:** *Auto, Uniform und Sterbebett von Franz Ferdinand*

Thronfolger Ezh. Franz Ferdinand mit seiner Gemahlin Herzogin Sophie und ihren Kindern.

Thronfolger Ezh. Franz Ferdinand d'Este *Graz 1863 †Sarajewo/Bosnien 1914, Sohn von Ezh. Karl Ludwig [138] und Ezh. Maria Annunziata von Neapel-Sizilien [139]

Sophie Gräfin Chotek, Herzogin von Hohenberg *Stuttgart 1868 †Sarajewo/Bosnien 1914, Tochter von Bohuslaw Graf Chotek und Wilhelmine Gräfin Kinsky

Aus der nicht ebenbürtigen, in aller Stille am 1.7.1900 geschlossenen Ehe stammten Sophie und die jüngeren Brüder Maximilian und Ernst von Hohenberg.

Franz Josefs-Gruft

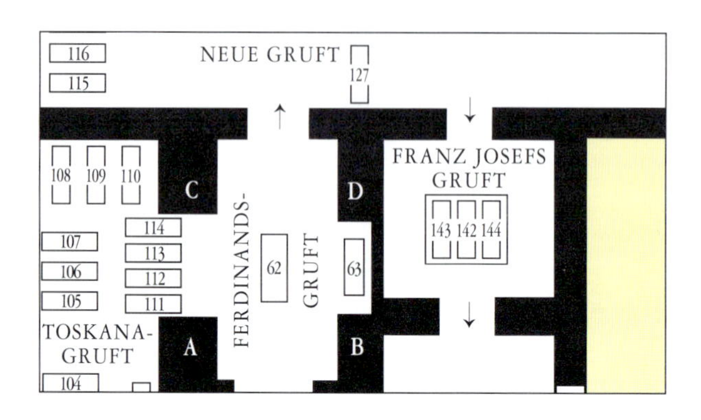

Anläßlich seines 60. Regierungsjubiläums hatte Kaiser Franz Josef 1908 weitere Kellerräume des Klosters in die Gruft einbeziehen lassen und seinen kroatischen Hofarchitekten **Cajo Perisič** beauftragt, eine Kapelle und ein würdiges Mausoleum für sich, seine Gemahlin Elisabeth und den Thronfolger zu gestalten. Der vornehme Raumeindruck wird durch den grauen Steinplattenboden und die mit weißen Marmorplatten verkleideten Wände unterstrichen. Ein farblich abgesetztes Marmorband mit Kreuzmosaiken und Beleuchtungskörpern schließt die Verkleidung nach oben hin ab.
Nach Fertigstellung der Franz Josefs-Gruft und der anschließenden Kapelle wurden die ursprünglich in der Ferdinandsgruft aufgestellten Särge von Elisabeth und Rudolf überführt, sowie nach fast 150 Jahren wieder ein Altar errichtet.

Die Särge der Franz Josefs-Gruft von links nach rechts: Kaiserin Elisabeth, Kaiser Franz Josef I. und Kronprinz Rudolf.

[142] Kaiser Franz Josef I.
*Wien 1830 †Wien 1916, Kaiser von Österreich 1848–1916, ältester Sohn Ezh. Franz Karls [135] und der Sophie von Bayern [137]; Neffe Kaiser Ferdinands I. [62]

Kaiser Franz Josef war nach seiner Thronbesteigung 1848 einer der mächtigsten Männer seiner Zeit. Sein Reich, der zweitgrößte Staat Europas nach Rußland, reichte vom Lago Maggiore und von Dalmatien im Süden bis nach Böhmen und Galizien im Norden, und zählte zur Jahrhundertmitte rund 40 Mill. Einwohner.
Seine kaiserliche und königliche Apostolische Majestät Kaiser Franz Josef I. war von Gottes Gnaden Kaiser von Österreich, König von Ungarn und Böhmen, von Dalmatien, Kroatien, Slavonien, Galizien, Lodomerien und Illyrien; König von Jerusalem; Erzherzog von Österreich; Großherzog von Krakau; Großfürst von Siebenbürgen, Markgraf von Mähren; Herzog von Friaul, Ragusa und Zara; gefürsteter Graf von Habsburg und Tirol, von Kyburg, Görz und Gradiska; Fürst von Trient und Brixen, etc.
Die Monarchie entsprach der Größe des heutigen US-Bundesstaates Texas und war ein sehr komplexes, heterogenes Gebilde: Uneinheitlich, was die Kulturkreise, Nationalitäten, Sprachen und Religionen betraf, aber auch die wirtschaftlichen und sozialen Strukturen, uneinheitlich auch in politischer Hinsicht –

zusammengehalten vor allem von der Person des Kaisers, einem gutfunktionierenden, supranationalen Beamtenapparat und der Treue zum Hause Habsburg. Das Zeitalter Franz Josefs war eine Zeit des Umbruchs, der Industrialisierung, des gründerzeitlichen Unternehmertums und der Verstädterung, der Massenparteien, aber auch des erwachenden Nationalismus und Föderalismus.

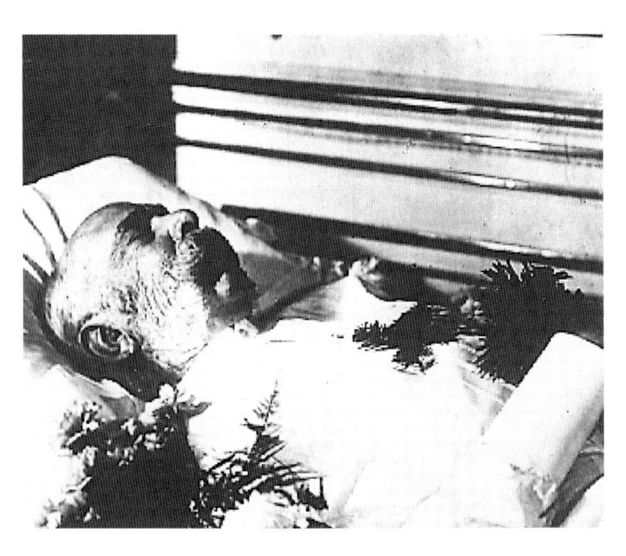

Der Tod des Kaisers am 21. November 1916 war mehr als das Ableben eines alten Mannes, mit ihm wurde der letzte Repräsentant eines Gottengnadentums der Krone zu Grabe getragen, mit ihm ging eine ganze Ära zu Ende – nicht aber, ohne vorher noch einen Mythos geschaffen zu haben.

Bericht des Burgpfarrers Dr. Ernst Seydl zum Tod Kaiser Franz Josefs: „Es drängt mich, Eurer Eminenz mitzuteilen, daß das Ableben Seiner Majestät ein höchst erbauliches war. Seine Majestät verrichtete bei vollständig klarem Bewußtsein um 10 Uhr vormittag die hl. Beichte und empfing die hl. Kommunion. War ganz ruhig und gefaßt. Am Abend wurde ich gerufen, Ihm die letzte Ölung zu spenden. Ich war mit allem fertig, da entschlummerte Seine Majestät sanft und friedlich, das Sterbekreuz in der Hand ... Es war ein schöner christlicher Tod. Aus tiefster Seele danke ich dem gütigen Gott für die große Gnade, die er dem edlen Herrscher zuteil werden ließ...“

Nach wie vor wird am Todestag des Kaisers, dem 21. November, um 18 Uhr ein Gedenkgottesdienst in der Kapuzinerkirche abgehalten, dem ein Gang in die Gruft und eine Kranzniederlegung folgen.

[143] Kaiserin Elisabeth, „Sisi“ *München 1837 †Genf 1898, Tochter von Herzog Maximilian in Bayern und Maria Ludovika von Bayern

Elisabeth ist als „Kaiserin wider Willen“ in die österreichische Geschichte eingegangen. Sie war eine der schönsten Frauen ihrer Zeit. Ihr Mann vergötterte sie, die Welt bewunderte sie. Trotzdem war ihr Leben von Katastrophen überschattet.

Elisabeth wuchs in einer unkonventionellen Umgebung weitab vom bayerischen Hof auf. Zum ersten Kontakt der Wittelsbacherprinzessin mit der kaiserlichen Familie kam es bei einem Besuch in deren Sommerresidenz Bad Ischl, wo Elisabeths ältere Schwester Helene dem jungen Kaiser Franz Josef verlobt werden sollte. Doch dieser entschied sich für seine Cousine Sisi, die nicht mehr als ein schüchternes Mädchen mit dunkelbraunen Zöpfen und einer überschlanken Gestalt war, das gerne reiten, schwimmen, bergsteigen und angeln ging und sich deshalb später auch nur schwer für ihre Aufgabe als Erste Dame im Staat begeistern konnte.
Vom Tag ihrer Ankunft in Wien fühlte sie sich durch den Wiener Hof und vor allem durch ihre Schwiegermutter und Tante Sophie in ihrer Unbeschwertheit und persönlichen Freiheit eingeengt.
1855 brachte sie eine Tochter, Sophie Friederike [78B] zur Welt, die allerdings zweijährig starb. 1856 folgte eine zweite Tochter, Gisela, die später den bayerischen Prinzen Leopold heiratete und in München lebte. 1858 endlich wurde der langersehnte Sohn und Thronfolger Rudolf geboren, dessen Erziehung sofort von Sophie in die Hand genommen wurde.
Nach einem ohnmächtigen Kampf flüchtete Sisi in Isolation und Krankheit. Ihr einziges politisches Engagement galt dem Ausgleich mit Ungarn, an dessen Zustandekommen 1867 sie aktiv mitwirkte. Ihr 4. Kind, Marie Valerie, wurde dann auch ein „Geschenk" an ihre Lieblingsnation. Es wurde auf der königlichen Burg von Ofen geboren.
Die meiste Zeit verbrachte Sisi auf Reisen, die sie durch ganz Europa und sogar nach Nordafrika führten, und für die ihr ein eigener kaiserlicher Salonwagen oder die kaiserliche Jacht zur Verfügung standen. Der sie über alles verehrende Kaiser ließ ihr sogar die Villa „Achilleion" auf Korfu bauen, um der rastlosen Kaiserin wenigstens einen Ort der Geborgenheit zu schaffen.
Im Juli 1898 sah sich das Kaiserpaar ein letztes Mal in Bad Ischl. Elisabeth reiste daraufhin nach München, wo sie die Stätten ihrer Kindheit besuchte. Von dort fuhr sie unter dem Namen Gräfin von Hohenems in die Schweiz nach Genf. Als die Kaiserin am 10. September das Hotel Beau Rivage verließ, ereilte sie kurz vor Erreichen des Schiffes über den Genfer See ihr Schicksal: sie fiel einem Mordanschlag des italienischen Anarchisten Luigi Lucheni zum Opfer. Lucheni, der die Kaiserin nur aus der Zeitung gekannt hatte, wollte mit dieser Tat unsterblich werden und brüstete sich beim Verhör, daß diese Tat der Höhepunkt seines Lebens sei.
Am 15. September kamen die sterblichen Überreste der Kaiserin im kaiserlichen Salonwagen auf dem nach ihr benannten Kaiserin-Elisabeth Westbahnhof an, der Trauerzug führte durch die schwarz beflaggte Mariahilferstraße zur Hofburg, wo die Kaiserin in einem geschlossenen Sarg in der Burgkapelle aufgebahrt wurde, um danach ihren letzten Weg in die Kaisergruft anzutreten –

obwohl es ihr Wunsch gewesen wäre, auf ihrem geliebten Korfu beigesetzt zu werden. Der Kaiser betäubte seinen Schmerz wie immer in Arbeit – zum Grafen Paar soll er gesagt haben: „Sie wissen nicht, wie ich diese Frau geliebt habe."

- **Hermesvilla:** Lainzer Tiergarten, für die Kaiserin erbaut
- **Volksgarten:** Kaiserin- Elisabeth- Denkmal von Hans Bitterlich und Friedrich Ohmann (1907)
- **Technisches Museum Wien:** Salonwagen Kaiserin Elisabeths
- **Hofburg:** Kaiserappartements, Turnzimmer der Kaiserin

[144] Kronprinz Ezh. Rudolf *Laxenburg bei Wien 1858 †Mayerling bei Wien 1889, einziger Sohn von Kaiser Franz Josef und Elisabeth in Bayern

Rudolf war ein hochbegabter, sensibler, und ehrgeiziger junger Mann, der nicht dem konservativ-militärischen Ideal seines Vaters entsprach, sondern eher seiner schwärmerischen, zur Melancholie neigenden Mutter nachgeriet. Sein Leben lang befand er sich im Konflikt mit dem Hof: Rudolf interessierte sich für Naturwissenschaften und arbeitete sogar am „Thierleben" seines väterlichen Freundes Alfred Brehm mit. Der Vater verbot ihm aber das Studium und zwang ihn in eine Karriere beim Militär. Die völlige Unvereinbarkeit der Charaktere von Vater und Sohn, eine nicht zuletzt durch Elisabeths exzentrische Eskapaden gespannte familiäre Situation und die krisengeschüttelte Ehe mit der belgischen Prinzessin Stephanie stürzten ihn in eine tiefe Krise. Drogen, Alkohol und Depressionen ließen ihn immer mehr mit Selbstmordgedanken spielen. Am 30. Jänner 1889 beging er gemeinsam mit der 17-jährigen Mary Vetsera im Jagdschloß Mayerling Selbstmord, was der Hof zu vertuschen suchte. Die Umstände seines Todes blieben lange unbekannt, was auch zu vielfachen Spekulationen führte.

- **Jagdschloß Mayerling** bei Heiligenkreuz im Wienerwald

Gruftkapelle

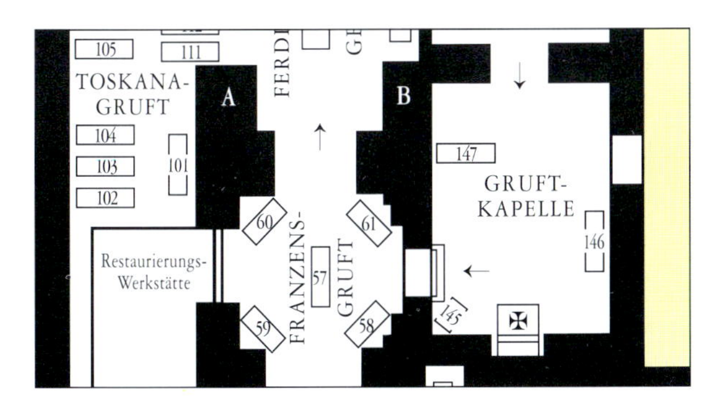

[145] Kaiserin Zita *Pianore/Lucca 1892 †Zizers/Schweiz 1989, Tochter von Herzog Robert von Bourbon-Parma und Maria Antonia von Braganza; letzte Kaiserin und Königin von Österreich-Ungarn

Sarg von Kaiserin Zita.

Kaiserin Zita wuchs in einem großen Geschwisterkreis mehrsprachig und kosmopolitisch, aber streng katholisch und konservativ auf. 1911 fand ihre prunkvolle Hochzeit mit Ezh. Karl im Schloß Schwarzau/NÖ statt, das das Kaiserhaus dem 1859 aus Italien vertriebenen Herzog Robert als Wohnsitz eingeräumt hatte. 1916 wurde sie nach dem Tod Kaiser Franz Josefs mit ihrem Mann in der Budapester Mathiaskirche zu König und Königin von Ungarn gekrönt.

Das Brautpaar Ezh. Karl und Prinzessin Zita von Bourbon-Parma in Schwarzau/Niederösterreich.

Neben ihrer Aufgabe als Mutter einer großen Kinderschar – in ihrer weniger als 11 Jahre dauernden Ehe schenkte sie ihrem Mann 8 Kinder – nahm sie auch bald eine wichtige politische Rolle neben ihrem Gatten ein, der sein schweres Amt völlig unvorbereitet und unerfahren angetreten hatte. Eine schnelle Beendigung des Krieges und eine damit erhoffte Rettung des Vielvölkerstaates war das Hauptanliegen des Kaiserpaares. November 1918 jedoch gab es nichts mehr zu retten.

Die 90jährige Kaiserin Zita im Kreis ihrer weitverzweigten Familie

Kaiserin Zita im Kreis ihrer acht Kinder.

Am 11.11. bzw. 14.11. zog sich Karl offiziell von den Regierungsgeschäften in beiden Reichshälften zurück, ohne aber eine förmliche Thronverzichterklärung abzugeben.
Am 24.3.1919 mußte die Familie daher Österreich verlassen und ging vorerst in die Schweiz ins Exil.
Nach zwei fehlgeschlagenen Restaurationsversuchen in Ungarn wurde Karl von den Alliierten 1921 auf die portugiesische Insel Madeira verbannt. Dort starb er im Alter von nur 34 Jahren an einer Lungenentzündung. Die junge Kaiserinwitwe übersiedelte nach Spanien, dann nach Belgien, von wo sie über zahlreiche Zwischenstationen vor den Nationalsozialisten in die USA bzw. Kanada flüchtete und sich dort niederließ. Die Wiedererlangung des Thrones für das Haus Österreich war zeitlebens eines der Ziele Zitas. 1962 übersiedelte die Kaiserin in das St. Johannes Stift in Zizers/Schweiz, wo sie den Rest ihres Lebens verbrachte. 1982 gestattete ihr die österreichische Bundesregierung, ohne die obligate, durch die Habsburgergesetze von 1919 geforderte Verzichtserklärung , nach 64 Jahren wieder nach Österreich einzureisen.
Zahlreiche ihrer Nachkommen leben heute u.a. in Österreich, Deutschland, der Schweiz, Belgien und den USA.

Leichenwagen des Wiener Hofes.

Kaiser Karl I. *Persenbeug 1887 †Madeira 1922, Sohn von Ezh. Otto und Maria Josefa von Sachsen, Großneffe Kaiser Franz Josefs; letzter Kaiser und König von Österreich-Ungarn

Gedächtnisbüste Kaiser Karls I. in der Gruftkapelle der Kaisergruft.

Da Kaiser Karl an seinem Sterbeort in der Kirche Nossa Senhõra do Monte auf Madeira begraben liegt, wurde 1931 in der Gruftkapelle eine **Gedächtnisbüste für Kaiser Karl** von **Prof. Heinrich Kautsch** aufgestellt.

Wilhelm von Krausz: Kaiser Karl I. als Feldmarschall, 1917

2. DER DOM ZU ST. STEPHAN

Geschichte des Domes

Wuchtig und doch feingliedrig überragt der Dom zu St. Stephan die Stadt Wien. Er ist mehr als nur das weithin sichtbare Wahrzeichen einer Metropole. Der Dom ist mit dem Hause Habsburg und dessen Aufstieg zu einer europäischen Großmacht schicksalhaft verbunden – und diente dem Herrscherhaus schließlich über Jahrhunderte hinweg als eine seiner wichtigsten Grablegen.

Von der romanischen Basilika zum Staatssymbol

1147 wurde der älteste, noch außerhalb der damaligen Stadtmauer gelegene romanische Bau vom Passauer Bischof dem hl. Stephan, Patron des Bistums Passau, geweiht. An derselben Stelle entstand rund hundert Jahre später nach einem verheerenden Stadtbrand eine zweite Basilika, die unter **König Przemysl Ottokar II. von Böhmen**, Landesherr nach dem Aussterben des Hauses Babenberg, 1263 geweiht wurde. Westwerk und Riesentor stammen noch aus dieser Zeit. 1304 erfolgte auf Wunsch der Bürgerschaft die Erweiterung der Kirche. Die gewaltige, dreischiffige gotische Chorhalle im Osten wurde 1340 geweiht und nach ihrem Vollender, Herzog Albrecht II. von Habsburg (1298–1358), Albertinischer Chor genannt. Aber erst unter seinem Sohn **Rudolf IV. dem Stifter** erfolgte 1359 die Grundsteinlegung zu Hochturm und Langhaus und damit zum Ausbau St. Stephans zu einer zukünftigen Bischofskirche und Capella Regia der österreichischen Landesfürsten.

Rudolf IV. der Stifter begutachtet die Pläne zum Bau von St. Stephan in Wien, 1361. Romantisierendes Gemälde von Eduard Ender.

Herzog Rudolf IV. der „Stifter".

Bald begann man außerhalb des romanischen Baues, der vorläufig stehenblieb, die neuen gotischen Langhauswände mit herrlichen Portalen, dem Bischofstor an der Nordseite, und dem Singertor im Süden, aufzurichten. Unter Kaiser Friedrich III. (1440–1493) wurden der Domneubau (bis auf den Nordturm) und die gotische Innenausstattung unter den Baumeistern **Peter** und **Hans von Prachatitz, Hans Puchsbaum** und **Anton Pilgram** vollendet. 1468 wurde St. Stephan endlich Bischofssitz.

Türkengefahr und ein allgemein erlahmender Bauwille erzwangen 1511 die Einstellung am Bau des Nordturmes, der schließlich auf halber Höhe mit einer „Welschen Haube" abgeschlossen wurde. Damit war der Dom in seiner heutigen Erscheinungsform vollendet. Im Inneren erfolgte im Laufe des 17. und 18. Jh. eine umfassende Barockisierung als Manifestation der Gegenreformation.

1683 standen die Türken ein zweites Mal vor den Toren Wiens. Von der Türmerstube des Südturmes aus beobachtete der Stadtverteidiger Rüdiger Graf Starhemberg die Truppenbewegungen des Feindes und sandte Signale für das Entsatzheer aus. Aus den Kanonenkugeln des besiegten Feindes wurde die große Glocke, die seit 1957 im Nordturm hängende „Pummerin" gegossen.

Im April 1945 brannte der Dom infolge der Kriegswirren aus. Die Mithilfe aller österreichischer Bundesländer hat aber St. Stephan wieder zu dem werden lassen, was er schon jahrhundertelang gewesen war: ein Wahrzeichen der Stadt und ein Identifikationssymbol Österreichs.

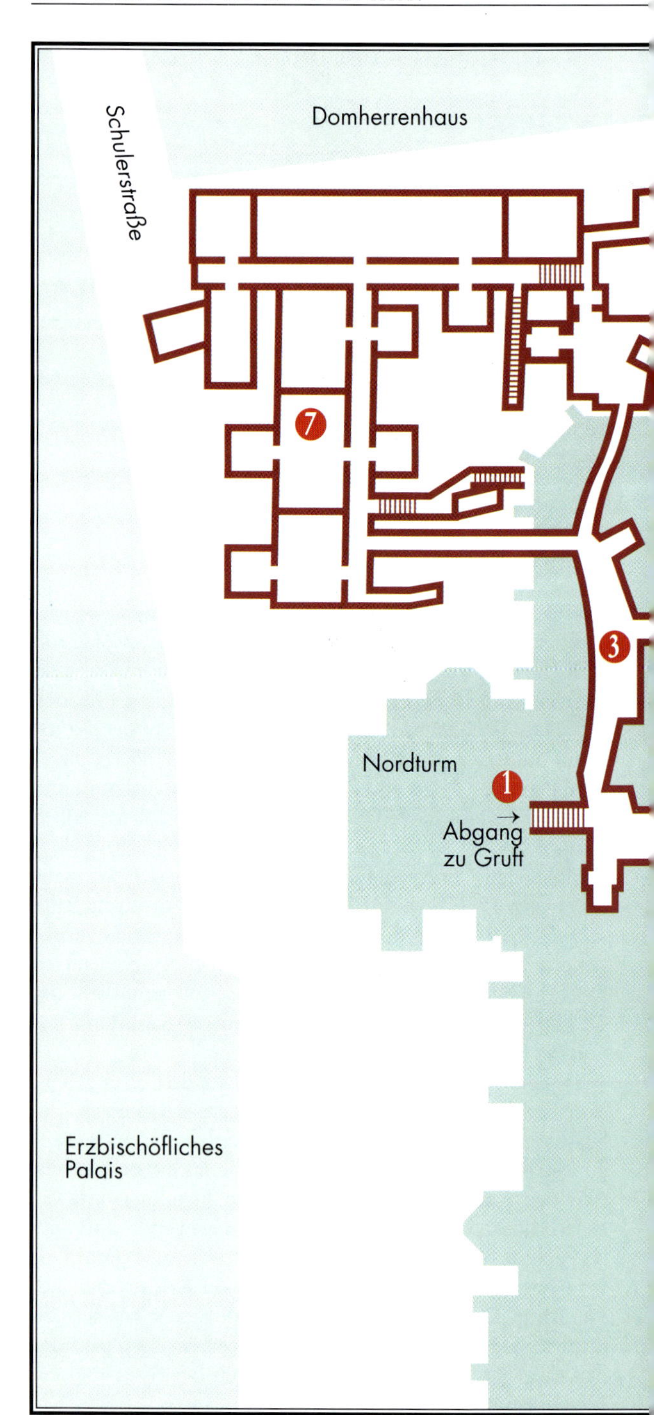
Schulerstraße
Domherrenhaus
7
3
Nordturm
1
→
Abgang
zu Gruft
Erzbischöfliches
Palais

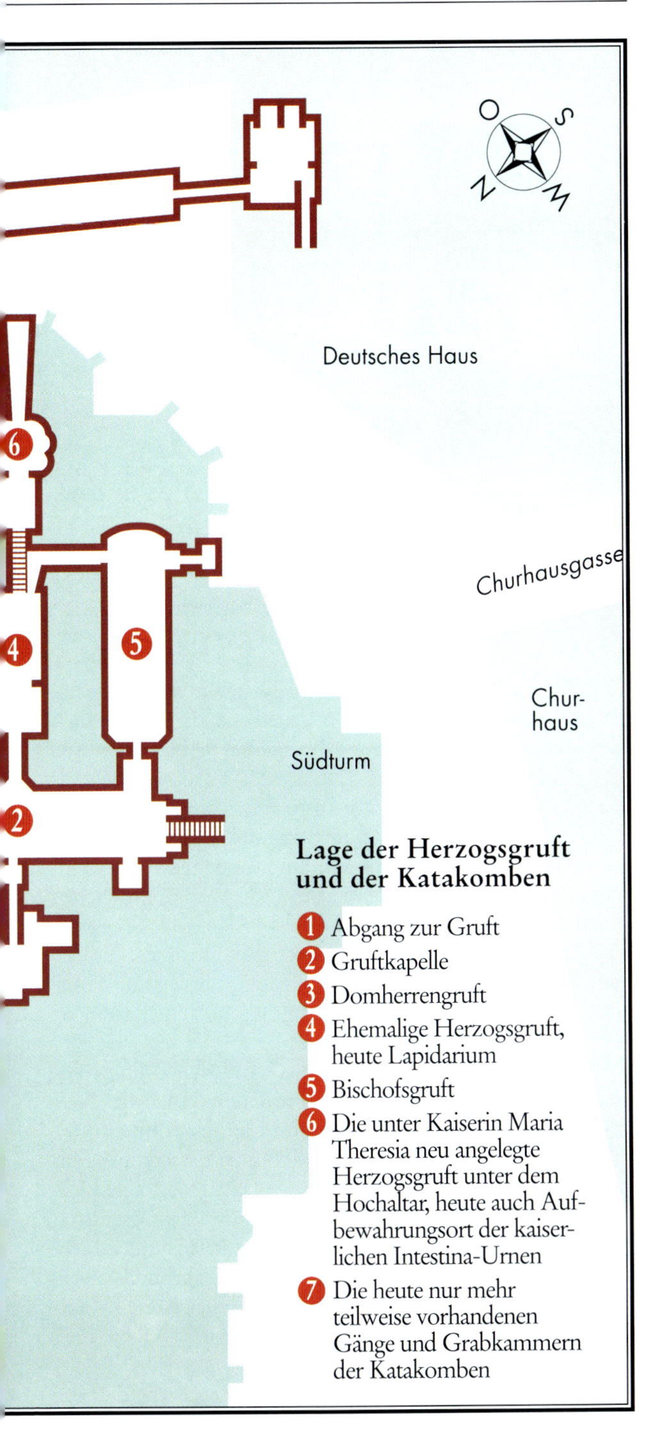

Lage der Herzogsgruft und der Katakomben

1. Abgang zur Gruft
2. Gruftkapelle
3. Domherrengruft
4. Ehemalige Herzogsgruft, heute Lapidarium
5. Bischofsgruft
6. Die unter Kaiserin Maria Theresia neu angelegte Herzogsgruft unter dem Hochaltar, heute auch Aufbewahrungsort der kaiserlichen Intestina-Urnen
7. Die heute nur mehr teilweise vorhandenen Gänge und Grabkammern der Katakomben

Die Herzogsgruft nach dem Umbau unter Maria Theresia (1754), Stich von Salomon Kleiner.

Der Dom als frühes Erbbegräbnis des Hauses Habsburg: Die Herzogsgruft

Obwohl Rudolf IV. in der Gründungsurkunde des Kollegiatskapitels von St. Stephan die neuzuerbauende Kirche auch gleichzeitig zum dynastischen Erbbegräbnis bestimmte, wurde das „Herzogen Grab" erst 1362 in Angriff genommen, als Rudolfs jüngerer Bruder Friedrich im Alter von 15 Jahren starb. Rudolf nahm dies zum Anlaß, in dem nur wenige Jahre vorher geweihten Albertinischen Chor eine tonnengewölbte, 5 m lange und 3,6 m breite Gruft mit einem Stiegenabgang ausheben zu lassen. Vor dem darüber befindlichen Altar sollte ein gleichzeitig in Auftrag gegebenes monumentales Hochgrab für sich und seine Gattin Katharina von Luxemburg, gleichsam als Mittelpunkt der herzöglichen Probsteistiftung, aufgestellt werden.

Dreißig Jahre nach dem Tod Rudolfs wurde die Gruft neuerlich belegt. **Herzog Albrecht III.**, in weiterer Folge **drei Neffen und ein frühverstorbener Sohn Herzog Albrechts V.**, (= König Albrecht II., der 1439 im Dom zu Esztergom/Gran beigesetzt wurde) wurden in ihr beigesetzt. 1463 folgte Herzog **Albrecht VI.**, ein Bruder des im Dom selbst bestatteten Kaisers Friedrich III., womit die Beisetzungen in der Herzogsgruft ein vorläufiges Ende fanden. Ein Jahrhundert verging, bevor man die **frühverstorbenen Kinder Kaiser Maximilians II.** (also Geschwister von Kaiser Matthias) 1552, 1564 und 1566 bei St. Stephan bestattete.
Seit Kaiser Ferdinand III. (1636–1657) bürgerte sich die Sitte

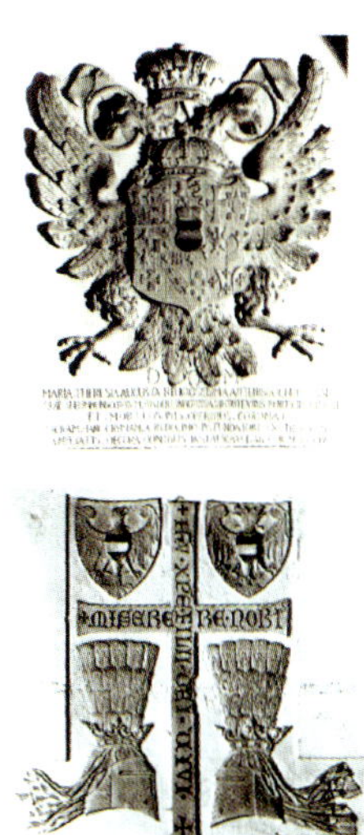

In die Stirnwand der Herzogsgruft eingelassene Wappen von Kaiserin Maria Theresia (oben) und Rudolf IV. dem Stifter (unten).

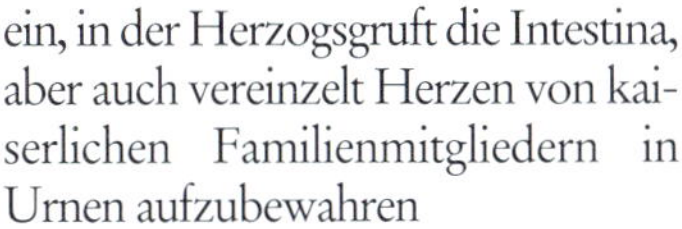

ein, in der Herzogsgruft die Intestina, aber auch vereinzelt Herzen von kaiserlichen Familienmitgliedern in Urnen aufzubewahren

1754 ließ Maria Theresia die Gruft umbauen und einen neuen ovalen Raum im Anschluß an die alte Gruft anlegen, (die heute zweckentfremdet als Lapidarium dient). Die Skelette aus den zerfallenen Särgen wurden in Leinentücher eingeschlagen, in neue Särge umgebettet und in die neue Gruft überführt.

Vergleicht man das Aussehen der heutigen Herzogsgruft mit dem Stich Salomon Kleiners aus dem 18. Jahrhundert, stellt man abgesehen von den unter Kaiser Josef II. hinzugefügten Särgen kaum eine Veränderung fest. Allein die Herz- und Intestina-Urnen haben ihren Platz gewechselt – waren sie ursprünglich auf Wandregalen um die Sarkophage herum plaziert gewesen, befinden sie sich heute in verschlossenen Nischen im Eingangsbereich zur Herzogsgruft.

Seit der 1956 unter Dombaumeister **Kurt Stögerer** erfolgten Restaurierung der gesamten Gruftanlage nach den verheerenden Zerstörungen des Jahres 1945 wurde auch ein neuer Abgang von der Turmhalle des Nordturmes angelegt. Über diesen erreicht man auch heute noch die Herzogsgruft, die Grüfte der Wiener Bischöfe, Kardinäle und Dompröbste und die noch zugänglichen Reste der ursprünglichen Katakomben, allerdings nur im Rahmen einer Führung.

*Die „**Katakomben**" selbst sind ein ursprünglich weitverzweigtes System von unterirdischen Gängen und Grabkammern, die früher auch Kellergewölbe des den Stephansplatz gegen Osten abschließenden Deutschordenshauses umfaßten. Die Frage nach ihrem Alter und ihrem Entstehen kann nicht eindeutig beantwortet werden. Die ältesten Teile befinden sich wahrscheinlich unter dem Frauenchor, wobei es sich dabei um Kellerreste eines im 14. Jh. demolierten Hauses handelt. Zuerst bloß als Karner (Beinhaus) zur Beisetzung für die vom Stephansfriedhof exhumierten Gebeine gedacht, kann man erst nach der Schließung jenes Friedhofes im Jahr 1732 von einem regelmäßigen Ausbau der Katakomben und ihrer Verwendung als Begräbnisstätte sprechen. Den Totenbüchern des Domes ist zu entnehmen, daß zwischen 1745 und 1783 mehr als 10.000 Tote in den Katakomben beigesetzt wurden. Erst durch ein Hofdekret Kaiser Josefs II. wurde die Leichenbestattung unter dem Dom mit wenigen Ausnahmen verboten. Die Katakomben wurden seit damals für Besucher zwar zugänglich, boten aber durch die vielen zum Teil in offenen oder halbvermoderten Särgen liegenden Leichen einen schaurigen Eindruck. Als im Zuge der Neuregelung der Wiener Wasserversorgung 1872/73 der Grundwasserspiegel in der Innenstadt anstieg und die zum Teil mumifizierten Leichen zu faulen begannen, wurden die Grabkammern fast vollständig ausgeräumt und die Leichenreste in tiefe Gruben gebettet oder in Seitenkammern vermauert.*

Eine Führung durch die Katakomben im 19. Jahrhundert.

Herzogsgruft

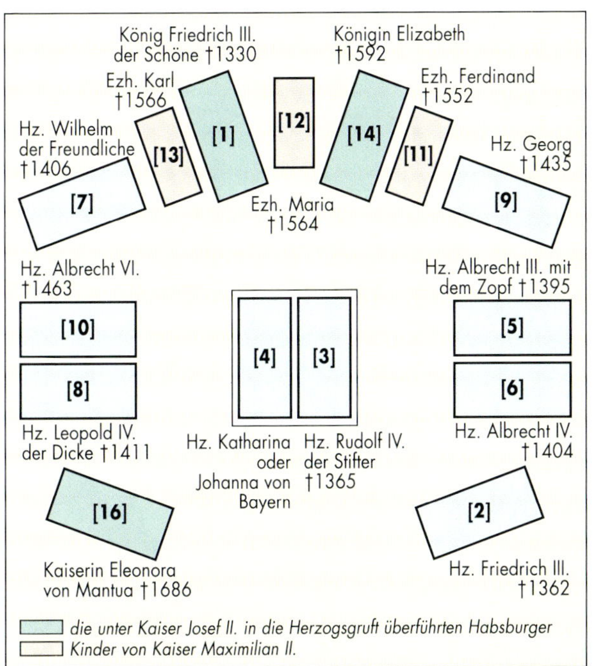

Die auf den Särgen angebrachten Nummern beziehen sich auf die Chronologie der Todesdaten, die Aufstellung der Särge basiert aber auf verwandtschaftlicher Zugehörigkeit. Sarg 15 ist nicht mehr auffindbar.

Blick in die Herzogsgruft heute.

[3] Herzog Rudolf IV. der Stifter *Wien 1339 †Mailand 1365, ältester Sohn von Herzog Albrecht II. und Johanna von Pfirt

Rudolf hatte eine hervorragende Erziehung genossen – er konnte sogar, was für seine Zeit ungewöhnlich war, schreiben – und bekam früh Gelegenheit, mit den geistigen Größen seiner Zeit Kontakt aufzunehmen.
Als 14-jähriger wurde er 1353 mit Katharina, der Tochter des Markgrafen Karl von Mähren aus dem Hause Luxemburg, dem nachmaligen Kaiser Karl IV., in Prag vermählt. Die Stadt, die sein sendungsbewußter Schwiegervater zu einem „Neuen Rom", zu einem neuen politischen und geistigen Zentrum nicht nur des Reiches, sondern des ganzen Abendlandes großzügig ausbauen ließ, sollte dem nicht weniger sendungsbewußten Schwiegersohn zeitlebens als Vorbild für das damals noch wesentlich kleinere und unbedeutendere Wien, seine eigene Residenzstadt, vor Augen schweben. Wien sollte der blühende Mittelpunkt seines Herrschaftskomplexes zwischen Oberrhein und Ungarn werden. Gleichzeitig strebte Rudolf die Kurfürstenwürde in Verbindung mit einer fast unabhängigen Stellung Österreichs im Reich an.
Dabei schreckte er auch nicht vor Fälschung zurück – die allerdings bereits zu seinen Lebzeiten als solche erkannt wurde. Es war das sogenannte „Privilegium maius", eine Erweiterung des echten, von Kaiser Friedrich I. Barbarossa 1156 anläßlich der Erhebung Österreichs zum Herzogtum gewährten „Privilegium minus".
Durch seinen frühen Tod wurden viele seiner ehrgeizigen Pläne aber nur in Ansätzen verwirklicht.

Sarg von Rudolf IV., dem Stifter.

Als Rudolfs Sarg 1933 geöffnet wurde, um festzustellen, ob alle im Inventar aus dem 18. Jh. aufgelisteten Grabbeigaben noch vorhanden wären, fand man den gesamten Sarginhalt unangetastet. Der Herzog war mit einem weißen, schon schadhaften Leinentuch abgedeckt, darunter befanden sich die bereits steife Kuhhaut, in die der herzögliche

Leichnam wegen der Überführung von Mailand nach Wien eingenäht worden war, wie auch Reste des ursprünglichen Holzsarges, die Gebeine des Herzogs, ein stark angerostetes Schwert, ein Bleikreuz mit guterhaltener Inschrift und ein stark zerknittertes Totengewand, das Rudolf wie ein Kleid übergelegt worden war. Es zählt heute zu den kostbarsten Exponaten des Wiener Dom- und Diözesanmuseums: das Material des Stoffes ist persischer Seidenbrokat mit arabischen Lobsprüchen, die in vergoldeten Silberfäden einbrochiert sind.

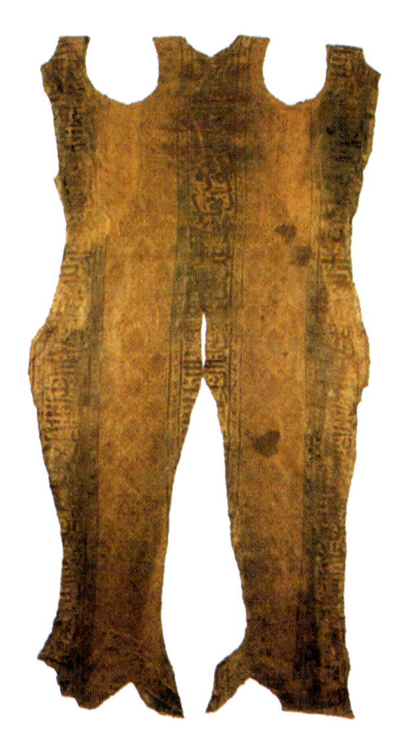

Totengewand Rudolfs IV.

[4] **Katharina von Luxemburg** *Prag 1342 †Wien 1395, Tochter von Kaiser Karl IV. und Blanche von Valois; Gemahlin Herzog Rudolfs IV. oder **Johanna Sophia von Niederbayern** *Müchen 1373 †Wien 1410

Obwohl allgemein angenommen, ist es eher unwahrscheinlich, daß sich im Sarg zur Rechten des Herzogs die sterblichen Überreste seiner Gemahlin Katharina von Luxemburg befinden, da sie durch ihre 2. Ehe mit Otto V. von Brandenburg nicht mehr dem herzöglichen Haus Habsburg angehörte. Da ihr Sterbetag aber im Nekrologium von St. Stephan angeführt ist und sie zahlreiche Stiftungen zum Grab ihres ersten Gatten gemacht hat, dürfte bei der Inventarisierung 1739 ein Fehler unterlaufen sein. Weit eher sind die hier bestatteten sterblichen Überreste von Johanna von Bayern, der Witwe Herzog Albrechts IV.

[2] Herzog Friedrich III. der „Freigebige" *Wien 1347 †Wien 1362, 2. Sohn von Herzog Albrecht II. und Johanna von Pfirt; Bruder Rudolfs IV.

Nach der Hausordnung seines Vaters Albrecht hatte Friedrich gemeinsam mit seinen Brüdern 1358 das väterliche Erbe angetreten, kam aber 15-jährig bei einem Jagdunfall ums Leben. Sein plötzlicher Tod war der unmittelbare Anlaß für den Ausbau der Herzogsgruft.

[5] Herzog Albrecht III. „mit dem Zopf" *Wien 1349/50 †Laxenburg /NÖ 1395, 3. Sohn von Herzog Albrecht II. und Johanna von Pfirt; Bruder Rudolfs IV.

Neben seinem älteren Bruder Rudolf zählte Albrecht zu den gelehrtesten Mit-gliedern des Hauses Habsburg. Er war Kunstmäzen und Förderer der Wissenschaften, gründete die Wiener Herzogswerkstatt, ließ die älteste Landeschronik („Chronik von den 95 Herrschaften") verfassen, gründete eine Theologische Fakultät in Wien, die bald zu einem Zentrum der Spätscholastik wurde, und trieb den von seinem Bruder eingeleiteten gotischen Ausbau von St. Stephan zügig voran. Nach dem Tod seines zweitältesten Bruders Leopold III. in der Schlacht von Sempach 1386 übernahm er die Gesamtregierung über die österreichischen Erblande und betrieb die familienübliche Großraumpolitik, die in der Erwerbung der böhmischen Königskrone und der Reichskrone gipfeln sollte.

[6] Herzog Albrecht IV. „das Weltwunder" *Wien 1377 †Klosterneuburg 1404, Sohn von Herzog Albrecht III. und seiner 2. Gemahlin Beatrix von Zollern

Trotz eines Erbvertrages, in dem das Haus Habsburg in eine albertinische und eine leopoldinische Linie gespalten wurde, stand im Testament von Albrecht III., daß sein Sohn Albrecht IV. das Land „zu ungeteilter Hand" übernehmen sollte, was letzteren in einen schwer zu lösenden Konflikt mit seinen steirischen Vettern versetzte. Österreich zerfiel in zwei Lager, blutige Fehden standen an der Tagesordnung. Doch von bewaffneten Auseinandersetzungen wollte der friedliebende, in sich gekehrte Albrecht wenig wissen.

Lieber zog er sich in die klösterliche Stille der Karthause Mauerbach im Wienerwald zurück. Um die katholische Sendung seines Hauses zu unterstreichen, unternahm er 1398 eine gefährliche Pilgerfahrt ins Heilige Land, wo er, wie sein Vater, am Heiligen Grab den Ritterschlag in Empfang nahm. Im Alter von 27 Jahren starb er bei der Belagerung von Znaim an der Ruhr.

[7] Herzog Wilhelm „der Freundliche“ *Wien 1370 †Wien 1406, 1. Sohn von Herzog Leopold III. von der Steiermark und Viridis Visconti

Nach dem Tod seines Vaters in der Schlacht von Sempach 1386 gegen die Schweizer Eidgenossenschaft wurde der 16-jährige auch im Namen seiner Brüder Herr der leopoldinischen Länder Steiermark, Kärnten und Istrien, beanspruchte aber auch ein Mitspracherecht in den albertinischen Ländern, das ihm jedoch von seinem Vetter Albrecht IV. streitig gemacht wurde. Das Verhältnis war aber nicht nur zu Wien gespannt, auch unter seinen eigenen Brüdern herrschte Mißtrauen und Kampf um den Einfluß im väterlichen Erbe.

[8] Herzog Leopold IV., „der Dicke“ *Wien 1371 †Wien 1411, 2. Sohn von Herzog Leopold III. von der Steiermark und Viridis Visconti

Auch Leopold IV. war in die bürgerkriegsähnlichen Zustände im Österreich des frühen 15. Jahrhunderts verwickelt, in deren Verlauf er 1408 den Wiener Bürgermeister Konrad Vorlauf und zwei Ratsbürger enthaupten ließ. Sein politischer Schwerpunkt lag allerdings im Westen, nicht zuletzt durch seine Heirat mit Katharina, der Tochter Herzog Philipps des Kühnen von Burgund.

[9] Georg *? †Wien 1435, Sohn von Herzog Albrecht V. und Elisabeth von Böhmen; Bruder von König Ladislaus Posthumus.

[10] Herzog Albrecht VI. *Wien 1418 †Wien 1463, 2. Sohn von Herzog Ernst von Innerösterreich und Cimburgis von Masowien; Bruder Kaiser Friedrichs III.

Als jüngerer Sohn ursprünglich von der Herrschaft ausgeschlossen, überließ ihm sein kaiserlicher Bruder Friedrich III. erst auf Drängen der Stände die Herrschaft des Landes ob der Enns (heute Oberösterreich), das er von seiner Linzer Residenz aus regierte. Dort richtete er sich nicht nur eine eigene Kanzlei und Finanzverwaltung ein, sondern bemühte sich auch besonders um die Unterstützung der Stände gegen den Kaiser. Auch in Wien hatte die anti-

kaiserliche Partei die Oberhand gewonnen. Bürgermeister Wolfgang Holzer und sein Anhang belagerten den Kaiser sogar in der Wiener Burg. Bevor aber Blut vergossen wurde, gelangte man zu einer friedlichen Lösung: Albrecht sollte für acht Jahre die Regierung in Niederösterreich übernehmen und Friedrich eine jährliche Entschädigung zahlen, der sich daraufhin nach Wiener Neustadt zurückzog. Aber der Friede trog. Bürgermeister Holzer ließ sich in Geheimverhandlungen mit Friedrich ein, um Albrecht zum Verzicht zu zwingen. Als das Komplott aufgedeckt wurde, folgte grausame Rache: Albrecht ließ Holzer öffentlich vierteilen, seine Mitarbeiter enthaupten und seine Anhänger foltern. Ein neuer Krieg zwischen den Brüdern schien unausweichlich, als Albrecht plötzlich erkrankte und innerhalb von nur zwei Tagen starb, wahrscheinlich an der Beulenpest. Aus Angst vor Ansteckung verzichtete man auf eine Obduktion und die übliche Einbalsamierung. Vorerst in einer Pestgrube beigesetzt, wurde er später in die Herzogsgruft überführt.

Kinder Kaiser Maximilians II.:

Ferdinand *Wien 1551 †Wien 1552, **Maria** *? †Wien 1564 und **Karl** *Wien 1565 †Wien 1566

Die Särge der Kinder Kaiser Maximilians II. [11,12,13], (kleine Särge); König Friedrichs III. [1], (linker großer Sarg) und Königin Elisabeths [14], (rechter großer Sarg).

Die unter Kaiser Josef II. nach Auflösung der jeweiligen Klöster 1782 in die Herzogsgruft überführten Leichname:

[1] **König Friedrich III. „der Schöne“** *1289 †Gutenstein/NÖ 1330, röm.-dt. König, Herzog von Österreich und Steiermark (I.), 2. Sohn von Albrecht I. und Elisabeth von Görz-Tirol; Onkel Rudolfs IV.

Bereits mit 17 Jahren war die Verwaltung der habsburgischen Länder Friedrich übertragen worden, als sein Bruder Rudolf III. zum König von Böhmen erhoben wurde.
Mit der Ermordung seines Vater im Jahre 1308 veränderten sich die politischen Aussichten aber schlagartig. Die von den Habsburgern angestrebte Wenzelskrone ging für das Haus verloren, Adels- und Bürgerunruhen verfinsterten das politische Klima. 1314 heiratete Friedrich in Judenburg die Infantin Isabella von Valois (in Österreich Elisabeth genannt, s. Minoritenkloster S. 206).
Im selben Jahr kam es nach dem Tode Kaiser Heinrichs VII. im Reich zu einer Doppelwahl und zum Thronstreit. Friedrich wurde vom Erzbischof von Köln in Bonn und Ludwig vom Erzbischof von Mainz in Aachen gekrönt. Da weder das Königswahlrecht eindeutig definiert war, noch diplomatische Verhandlungen zum Erfolg führten, kam es 1322 zur Entscheidungsschlacht bei Mühldorf am Inn, in der Friedrich vernichtend geschlagen wurde und in die Gefangenschaft seines Gegners geriet. Drei Jahre wurde er auf Burg Trausnitz in der Oberpfalz festgehalten, bis er 1325 in einem Geheimvertrag als Ludwigs Mitregent anerkannt wurde.
Er starb 1330 und wurde ursprünglich in der von ihm gegründeten Karthause von Mauerbach bei Wien beigesetzt.

[14] **Königin Elisabeth** *Wien 1554 †Wien 1592, Tochter von Kaiser Maximilian II. und Maria von Spanien, Witwe nach Karl IX. von Frankreich (s. Königinkloster S. 207 ff)

[16] **Kaiserin Eleonora von Mantua** *Mantua 1598 †Wien 1655, Tochter von Herzog Vincenzo I. Gonzaga von Mantua und Eleonore von Medici; 2. Gemahlin Kaiser Ferdinands II. (s. Siebenbüchnerinnenkloster S. 210 ff)

Die Herzogsgruft als Aufbewahrungsort kaiserlicher Intestina-und Herzurnen

In 18 vergitterten Wandnischen im Vorraum zur Maria-Theresianischen Herzogsgruft ruhen seit der letzten Generalrestaurierung der Gruftanlagen nach dem Zweiten Weltkrieg insgesamt 76 Urnen unterschiedlicher Größe und Form: 64 Intestina-Urnen und 12 Herzurnen.
Viele davon sind aufgrund ihres schlechten Erhaltungszustandes in schlichte, zylindrische Urnenbehälter aus Kupferblech gestellt worden. Ihre Kennzeichnung fehlt teilweise oder ist uneinheitlich. Wenn in der folgenden Auflistung nicht ausdrücklich erwähnt, handelt es sich um die Intestina Urnen. [Kap.] bezieht sich auf die Numerierung in der Kapuzinergruft.

Die heute hinter Gittern aufgestellten Intestina- und Herzurnen.

Auswahl einiger Intestina-Urnen.

Nische 1 (6 Urnen)
[8] Ezh. Karl Josef (†1664), Sohn von Kaiser Ferdinand III. , Intestina-Urne. Seine Herzurne (Nr. 1) ruht in Nische 10 [Kap. 116]
[26] Ezh. Maria Elisabeth (†1740), Tochter von Maria Theresia, Intestina-Urne. Ihre Herzurne (Nr. 5) ruht in Nische 11 [Kap. 48]
[38] Ezh. Maria Elisabeth (†1741), Tochter von Kaiser Leopold I., [Kap. 38]
[29] Ezh. Maria Anna (†1744), Tochter Kaiser Karls VI., [Kap. 39]
[44] Großherzogin Marie Luise von Toskana (†1802), 1. Gemahlin von Ghz. Ferdinand III. von Toskana [Kap. 84C]
[o.Nr) Ezh. Franz Josef (†1855), Sohn von Ezh. Karl Ferdinand [Kap. 68A]

Nische 2 (3 Urnen)
[3o] Kaiserin Elisabeth Christina (†1750), Gemahlin von Kaiser Karl VI. [Kap. 36]
[o.Nr.] Ezh. Karolina Ferdinanda (†1832), Tochter von Kaiser Franz II./I. [Kap. 79B]
[o.Nr.] Ezh. Karl (†1847), Sohn von Kaiser Leopold II. [Kap. 122]

Nische 3 (2 Urnen)
[33] Kaiser Franz I. Stefan (†1765) [Kap. 56]
Die Inschrift auf seiner Urne lautet: „In dieser Urne sind aufbewahrt die Eingeweide von Franz I., des gottseligsten römischen Kaisers und Großherzogs von Toskana, welchen seine Gottesfurcht, die Liebe zu seiner Gemahlin, die Sorgfalt für seine Kinder, die Güte gegen die Untertanen, die Wohltätigkeit gegen die Armen, die Großmut und der Glanz seiner christlichen Tugenden weltberühmt, und deswegen des ewigen Andenkens würdig gemacht haben. Er ist 1765 den 18. August in der Nacht um 1/2 1o Uhr im 57. Jahre seines Alters in Innsbruck eines jähen, doch nicht unversehenen Todes gestorben."

[o.Nr) Kaiserin Maria Ludovika (†1816), 3. Gemahlin von Kaiser Franz II./I. [Kap. 58]

Nische 4 (5 Urnen)
[2] Ezh. Leopold Josef (†1701), Sohn von Kaiser Josef I., Herzurne. Seine Intestina-Urne (Nr. 19) ruht in Nische 8 [Kap. 33]
[18] Ezh. Maria Antonia (†1692), Gemahlin von Kurfürst Maximilian II. Emanuel von Bayern [Kap. 28]
[35] Ezh. Luise Elisabeth (†1791), Tochter von Kaiser Franz II./I. [Kap. 66A]
[o.Nr] Ezh. Maximilian Franz (†1801), Kurfürst-Erzbischof von Köln [Kap. 118]
[45] Herzog Ferdinand Karl Anton (†1806) Generalkapitän der Lombardei [Kap. 105]

Nische 5 (5 Urnen)
[21] Kaiser Leopold I. (†1705) [Kap. 37]
[22] Kaiser Josef I. (†1711) [Kap. 35]
[27] Ezh. Maria Karolina (†1740), Tochter von Maria Theresia. Ihre Herzurne (Nr. 6) ruht in Nische 11 [Kap. 53]
[32] Ezh. Johanna Gabriela (†1762), Tochter von Maria Theresia [Kap. 45]
[o.Nr.] Ezh. Mathilde (†1867), Tochter von Ezh. Albrecht [Kap. 130]

Nische 6 (3 Urnen)
[34] Kaiserin Maria Theresia (†178o) [Kap. 55]
[o.Nr.] Ezh. Rudolf (†1831), Sohn von Kaiser Leopold II., Fürsterzbischof von Olmütz
[o. Nr] und ohne Namen [Kap. 119]

Nische 7 (5 Urnen)
[12] Ezh. Anna Maria Sophia (†1674), Tochter von Kaiser Leopold I. [Kap. 3]
[2o] Ezh. Maria Josefa (†17o3), Tochter von Kaiser Leopold I. [Kap. 16]
[38] Ezh. Karoline Leopoldine (†1795), Tochter von Kaiser Franz II./I. [Kap. 95 D]
[4o] Ezh. Maria Christina (†1798), Tochter von Maria Theresia [Kap. 112]
[42] Ezh. Karoline Louise (†1799), Tochter von Kaiser Franz II./I. [Kap. 87C]

Nische 8 (5 Urnen)
[5] Kaiser Ferdinand III. (†1657) [Kap. 27]
[19] Ezh. Leopold Josef (†1701). Seine Herzurne (Nr. 2) ruht in Nische 4 [Kap. 33]
[23] Ezh. Leopold Johann (†1716), Sohn von Kaiser Karl VI. [Kap. 30]
[24] Ezh. Maria Amalia (†173o), Tochter von Kaiser Karl VI. Ihre Herzurne (Nr.4) ruht in Nische 1o [Kap. 23]
[47] Kaiserin Maria Theresia Karolina (†1807), 2. Gemahlin von Kaiser Franz II./I. [Kap. 6o]

Nische 9 (3 Urnen)
[7] Ezh. Leopold Wilhelm (†1662), Sohn von Kaiser Ferdinand II. [Kap. 115]

[15] Kaiserin Eleonora (von Mantua-Gonzaga) (†1686), 3. Gemahlin von Kaiser Ferdinand III. [Kap. 19]
[o.Nr.] Hz. Albert-Kasimir von Sachsen-Teschen (†1822), Gemahl von Ezh. Maria Christina [Kap. 111]

Nische 1o (7 Urnen)
[1] Ezh. Karl Josef (†1664), Herzurne. Seine Intestina-Urne (Nr. 8) ruht in Nische 1 [Kap. 116]
[4] Ezh. Maria Amalia (†1730), Herzurne. Ihre Intestina-Urne (Nr. 24) ruht in Nische 8 [Kap. 23]
[13] Ezh. Maria Josefa (†1676), Tochter von Kaiser Leopold I. [Kap. 8]
[16] Ezh. Maria Margaretha (†1691), Tochter von Kaiser Leopold I., Herz- und Intestina-Urne [Kap. 10]
[48] Ezh. Josef Franz (†1807), Sohn von Kaiser Franz II./I. [Kap. 69A]
[o.Nr.] Ezh. Anton Viktor (†1835), Sohn von Kaiser Leopold II., Hochmeister des Deutschen Ordens [Kap. 103]
[o.Nr.] Ezh. Maria Anna (†1858), Tochter von Kaiser Franz II./I. [Kap. 82C]

Nische 11 (5 Urnen)
[5] Ezh. Maria Elisabeth (†1740), Tochter von Maria Theresia, Herzurne. Ihre Intestina-Urne (Nr. 26) ruht in Nische 1 [Kap. 48]
[6] Ezh. Maria Karolina (1740), Tochter von Maria Theresia, Herzurne. Ihre Intestina-Urne (Nr. 27) ruht in Nische 5 [Kap. 53]
[31] Ezh. Karl Josef (†1761), Sohn von Maria Theresia [Kap. 44]
[37] Kaiserin Maria Ludovika (von Neapel-Sizilien) (1792), Gemahlin von Kaiser Leopold II. [Kap. 114]
[o.Nr] und ohne Namen

Nische 12 (3 Urnen)
[4] König Ferdinand IV. (†1654), Sohn von Kaiser Ferdinand III. [Kap. 29]
[11] Kaiserin Margareta Theresia (von Spanien) (†1673), 1. Gemahlin von Kaiser Leopold I. [Kap. 20]
[o.Nr.] Ezh. Maria Karolina (†1844), Tochter von Ezh. Rainer [Kap. 75B]

Nische 13 (7 Urnen)
[2] Kaiser Matthias (†1619) [Kap. 2]
[3] Kaiser Ferdinand II. (†1637) [Kap. 27]
[6] Ezh. Ferdinand Josef (†1658), Sohn von Kaiser Ferdinand III. [Kap. 4]
[1o] Ezh. Maria Anna (†1672), Tochter von Kaiser Leopold I. [Kap. 7]
[17] Ezh. Maria Theresia (†1696), Tochter von Kaiser Leopold I. [Kap. 25]
[o.Nr.] Ezh. Rudolf (†1822), Sohn von Ezh. Karl [Kap. 125]
[o.Nr.] Ezh. Margarete Karoline von Sachsen (†1858), 1. Gemahlin von Ezh. Karl Ludwig, Herzurne [Kap. 134]

Nische 14 (5 Urnen)
[1] Kaiserin Anna (†1618), Gemahlin von Kaiser Matthias, Gründerin der Kaisergruft bei den Kapuzinern [Kap. 1]
[36] Kaiser Leopold II. (†1792) [Kap. 113]
[39] Ezh. Leopold Alexander (†1795), Sohn von Kaiser Leopold II., Palatin von Ungarn [Kap. 64A]
[49] Ezh. Johann Nepomuk Karl (†1809), Sohn von Kaiser Franz II./I. [Kap. 71A]
[o.Nr.] Kaiser Ferdinand I. (†1875) [Kap. 62]

Nische 15 (3 Urnen)
[9] Ezh. Ferdinand Wenzel (†1668), Sohn von Kaiser Leopold I., Herz- und Intestina-Urne [Kap. 5]
[14] Kaiserin Claudia Felicitas (†1676), 2. Gemahlin von Kaiser Leopold I. [Dominikanerkirche]
[25] Kaiser Karl VI. (†1740) [Kap. 40]

Nische 16 (3 Urnen)
[41] Ezh. Maria Amalia (†1798), Tochter von Kaiser Leopold II. [Kap. 65A]
[o.Nr.] Königin Maria Karolina (†1814), Gemahlin von König Ferdinand IV./I. von Neapel-Sizilien [Kap. 107]
[o.Nr.] Ezh. Ferdinand Karl (†1850), Sohn von Herzog Ferdinand Karl und Maria Beatrix d'Este [Kap. 102]

Nische 17 (3 Urnen)
[o.Nr.] Kaiser Franz II./I. (†1835) [Kap. 57]
[o.Nr.] Ghzin. Maria Anna von Sachsen (†1865), 2. Gemahlin von Ghz. Ferdinand III. von Toskana [Kap. 86C]
[o.Nr.] Hieronymus Franz Graf Colloredo (†1812), Fürsterzbischof von Salzburg, ursprünglich im Südchor des Stephansdomes beigesetzt

Nische 18 (3 Urnen)
[o.Nr.] Ezh. Ludwig Josef (†1864), Sohn von Kaiser Leopold II. [Kap. 104]
[o.Nr.] Ezh. Hildegard (†1864), Gemahlin von Ezh. Albrecht [Kap. 129]
[o.Nr.] Sigismund Graf Kollonits (†1751), Fürsterzbischof und Kardinal von Wien

Die Tumba Herzog Rudolfs IV. im Nordchor

Seines ursprünglichen Schmuckes beraubt und seit den Instandsetzungsarbeiten nach dem Zweiten Weltkrieg an die Nordseite des Frauenchores verbannt, fristet das Grabmal Rudolfs neben dem Wiener Neustädter Altar heute ein kümmerliches Schattendasein, das seine einstige Pracht und seine Bedeutung als frühe habsburgische Machtdemonstration kaum mehr erahnen läßt. Es ist eine freistehende Tumba in der Art des französischen Pleureurgrabes, ein Scheingrab, das niemals zur Aufnahme eines Leichnams bestimmt war, und dessen ursprüngliche Gestalt wir nur von einem barocken Stich Salomon Kleiners aus dem 18. Jh. kennen.

Den aus Margarethener Sandstein gehauenen und ursprünglich teilvergoldeten **Tumbadeckel** ziert das liegende Stifterpaar, der jugendliche Rudolf und seine Gemahlin, Katharina von Luxemburg. Die Gesichtszüge wirken individuell ausgeprägt, der Herzog ist in ritterlichem Waffenrock, Fürstenmantel und

Erzherzogshut gekleidet, die Herzogin zu seiner Linken in modischer Fürstentracht. Als Herrschaftszeichen halten beide – was für eine Herzogin ungewöhnlich ist – Szepter in ihren Händen.

*Die **Baldachinfiguren** an den Seiten – wahrscheinlich Vertreter des Domkapitels und der Universität eher als die sonst üblichen Klagefiguren – sind schon vor langer Zeit verloren gegangen, ebenso das Modell der Stephanskirche, die als Capella Regia einst zwischen den Stifterfiguren stand.*

DAS FRIEDRICHSGRAB IM SÜDCHOR

Das Grabmal Friedrichs III. im Apostelchor des Stephansdomes zählt zu den prächtigsten Kaisergräbern des Abendlandes. In seiner Anlage verkörpert es den niederländisch-burgundischen Typus des Prunkgrabes mit einem überaus differenzierten Bildprogramm. Dieses Grabmal ist ein Symbol für den Aufstieg des Hauses Habsburg zu imperialen Würden, gleichzeitig aber auch Zeugnis habsburgischer Frömmigkeit.

Kaiser Friedrich III., *Innsbruck 1415 †Linz 1493, ab 1424 Herzog Friedrich V. von Innerösterreich, ab 1442 dt. König, 1452–1493 röm.-dt. Kaiser, Sohn von Herzog Ernst dem Eisernen von Innerösterreich und seiner 2. Gemahlin Cimburgis von Masovien

Friedrich war der erste Kaiser des Heiligen Römischen Reiches aus dem Hause Habsburg, gleichzeitig der letzte Kaiser, der sich in Rom krönen ließ und für den das Kaisertum das überstaatliche Sinnbild des Abendlandes verkörperte. Mit der Heirat seines Sohnes und Nachfolgers Maximilian mit Maria, der Erbin Burgunds, legte er trotz innenpolitischer Schwierigkeiten in den geteilten

Das prunkvolle Kaisergrab von Kaiser Friedrich III. im Apostelchor des Stephansdomes.

habsburgischen Ländern und seinen Auseinandersetzungen mit dem ungarischen König Mathias Corvinus den Grundstein für den Aufstieg des Hauses Habsburg zur Weltmacht.
Der Tod des ungarischen Königs in Wien im Jahre 1490 und die wohlwollende Aufnahme seines Nachfolgers Maximilian in Österreich brachte die Erblande wieder in ungeteilte Hand, die Anwartschaft auf die Krone Ungarns und Böhmens wurde durch Erbverträge gesichert.
Als Kaiser bestätigte Friedrich III. das Privilegium Maius Rudolfs IV. des Stifters, der habsburgische Erzherzogstitel war damit reichsrechtlich anerkannt. Mit dem Neubau der Wiener Burgkapelle verewigte sich der Kaiser in Wien.

Herz und Intestina wurden in der Linzer Pfarrkirche bestattet, sein Leichnam nach der Überführung nach Wien zuerst provisorisch in der Tirna-(Prinz Eugen-)kapelle nördlich vom Riesentor und dann in der Herzogsgruft beigesetzt. Erst 1513, zwanzig Jahre nach seinem Tod, erfolgte die Umbettung in das neue, wenn auch noch unvollständige Grab im Apostelchor, das ursprünglich für seine Residenzstadt Wiener Neustadt vorgesehen war.

Die Ausführung des Grabmals zog sich über fast 50 Jahre hin. Es können drei nicht genau abgrenzbare Abschnitte unter-

schieden werden: Die Tumbaplatte stammt mit Sicherheit von **Niklas van Leyden**, die Arbeiten an der Tumba mit ihren Figuren und Reliefs standen bereits unter der Leitung des Wiener Dombaumeisters **Max Valmets**, die Balustrade wird **Michael Tichter**, einem Wiener Steinmetz und „kaiserlicher Majestät Grabmacher", zugeschrieben.
Der **Tumbadeckel** zeigt den unter einem gotischen Baldachin stehenden und gleichzeitig mit dem Kopf auf einem Kissen ruhenden überlebensgroßen Kaiser in perlenbesticktem Ornat mit Krone, Reichsapfel und Szepter, über seinem Haupt den vom Kaiser sehr verehrten hl. Christophorus, in dem er seine eigene Aufgabe als Träger höchster Macht symbolisiert sah. Christophorus ist von den Aposteln Bartholomäus und Matthias flankiert, links davon das Georgsritterordenskreuz, rechts das lombardische Wappen mit Königskrone, neben dem Reichsapfel das Reichswappen mit Kaiserkrone, links das altösterreichische Wappen mit dem Erzherzoghut, zu Füßen links der Bindenschild, über dem ein Löwe das Zeremonienschwert schwingt, in der Mitte der böhmische Löwe, rechts der steirische Panther, links (über dem Zeremonienschwert) das Majestätsmonogramm auf einer quadratischen Tafel, links am Szepter ein Spruchband mit der kaiserlichen Devise AEIOU. (Seine Bedeutung ist bis heute unklar. Die Interpretationen reichen von „Alles Erdreich ist Österreich untertan" bis zu einer Verschlüsselung des Gottesnamens Jachwe.)

Insgesamt 30 Wappen seiner Besitzungen rahmen die Leibung des Tumbadeckels ein. Das über 40 cm tief in den Stein gearbeitete Relief hat eine stark räumliche Wirkung. Manche Teile sind fast freiplastisch gearbeitet und sehr dünnwandig, was für das hohe Können des Künstlers spricht. Die Tumbaplatte mißt

3 x 1,65 m und wiegt 8 Tonnen. Die Arbeiten an ihr dauerten sechs Jahre.
Auf dem oberen **Gesims** der Tumba, die von gebogenen gotischen Fialen durchwachsen ist, sind kleine Figuren angebracht: ein betender Bischof, Diakone mit Kerze, Weihwasser und Weihrauchgefäß an den vorderen Ecken; an den Ecken nahe der Chorabschlußwand Männer mit Büchern, Hunden und kleinen, nackten Kindern, die sich an ihnen anhalten oder sich zu ihnen hinaufschwingen wollen.

Betender Bischof auf dem oberen Gesims der Tumba (oberes Bild) und Kurfürsten und Apostel an den Eckpfeilern der Tumba (linkes Bild).

Die Tumba selbst ist von 8 rechteckigen **Reliefplatten** eingefaßt. Die von einem Schriftband umrahmten Figurengruppen in diesen tiefen Kassettenreliefs repräsentieren die kirchlichen Stiftungen des Kaisers: an der Westseite, zu Häupten des Kaisers, die Gründung des Franziskanerklosters St. Leonhard in Graz; im Osten die Gründung des Neuklosters in Wiener Neustadt; an der Nordseite, gegen den Hauptchor hin, in der Mitte die Gründung des Bistums und Kollegiatkapitels von Wiener Neustadt, links davon die Kommende des Georgritterordens in der Burg von Wiener Neustadt und rechts das regulierte Chorherrenstift St. Ulrich in Wiener Neustadt; an der Südseite

in der Mitte die Gründung des Bistums Laibach, links davon die des Pauliner Eremitenklosters, rechts des Dominikanerklosters in Wiener Neustadt. Es sind dies die „guten Werke", die den Toten zum Jüngsten Gericht begleiten sollen. Vor den Pfeilern stehen Kurfürsten und andere Würdenträger, um dem Kaiser die Totenwache zu halten.
Am Sockel des Unterbaues tummeln sich phantastische Tiergestalten in grotesken Umschlingungen: Drachen, Hunde, Affen, Adler, Echsen und Dämone. In der Mitte der Längsseiten befindet sich je ein von einer Natter durchdrungener Totenkopf.

Die **Balustrade** hat an den Längsseiten je sechs Bogenöffnungen, an der westlichen Stirnseite vier, im Osten führen Stufen zur Tumba. Unter dieser befindet sich ein weiteres Relief mit dem auferstehenden, von Engeln flankierten Christus in der Mitte. Ein Engel trägt die Nägel, der andere die Lanze als Siegeszeichen des überwundenen Martyriums. In den Bögen der Balustrade befinden sich 40 weitere Statuen, die zum Teil Apostel und Heilige des Hauses Habsburg darstellen. Sie sollen den Kaiser als Anwälte beim Jüngsten Gericht vertreten.
Für das Grabmal wurden drei besonders lebhafte Arten von Adneter Marmor aus dem Land Salzburg verwendet, sogenannter „Mandelscheck", „Rotscheck" und „Rottropf", die per Schiff über Salzach, Inn und Donau nach Wien und von da

in Fuhrwerken nach Wiener Neustadt geschafft wurden. Ihnen wurden von Friedrich besondere Kräfte zugesprochen. Dem Grabmal verleihen sie eine ganz eigene Lebendigkeit.

1969 führte die Dombauhütte in Anwesenheit von Historikern der Universität Wien und Vertretern des Bundesdenkmalamtes eine röntgenologische Untersuchung des Friedrichgrabes durch.
Nach Herausnahme einer Reliefwand wurde die eigentliche, 18 cm starke Tumbawand durchbohrt. Mit Hilfe einer in die handtellergroße Öffnung eingeführten Sonde konnte man den Inhalt der Tumba in vielen Details diagnostizieren: einen ungefähr 40 cm

Längsseite der Balustrade mit den Bogenöffnungen flankiert von Aposteln und Heiligen des Hauses Habsburg.

hohen und 58 cm breiten Sarg aus gebrannten, grün glasierten, stumpf aneinanderstoßenden und mit Holznägeln verbundenen Platten. Der Leichnam des Kaisers war in golddurchwirktem Stoff bestattet worden. Im Blickfeld der Bohrung konnte weiters, an die Längsseite des Sarges angelehnt, eine ca. 80 cm lange und 45 cm hohe aus Bronze gegossene Tafel festgestellt und ein Stück des Textes gelesen werden. Es handelte sich dabei um kaiserliche Titel. Neben dieser Platte befand sich eine weitere vergoldete Schriftplatte mit dem Vollendungsdatum des Grabmals, dem Jahr 1517.

3. DIE KAISERLICHE HERZOGSGRUFT in der ehemaligen HOFPFARRKIRCHE ST. AUGUSTIN

Geschichte von Kloster und Kirche

König Friedrich der Schöne stellte den Augustiner-Eremiten in der Nähe der Burg einen Platz für Kirche und Kloster zur Verfügung. 1349 wurde die Kirche geweiht, bald umfaßte der Konvent etwa 50 Mönche. Verbunden mit der religiösen und geistigen Erneuerung des kirchlichen und klösterlichen Lebens im Zuge der Gegenreformation wurde der Konvent durch ein Dekret Kaiser Ferdinands II. den Augustiner-Barfüßern, einer strengen Reformkongregation des Ordens, übergeben. Gleichzeitig erfolgte eine umfangreiche Barockisierung, die durch großzügige Stiftungen seitens des Hofes und des Adels ermöglicht wurde.
Durch die Erhebung von St. Augustin zur Hofpfarrkirche diente sie dem Kaiserhaus bei allen Festen. Vom Vorzug einer Hofkirche hing das Privileg ab, der Ausgangsort der großen Jubiläumsprozessionen, der meisten Bitt- und Dankwallfahrten des Kaiserhauses und der kaiserlichen Begräbnisfeierlichkeiten zu sein. Mit ihren allerhöchsten Hausherrn und Gönnern, den jeweiligen Kaisern, standen die Augustiner in bestem Einvernehmen. Das galt besonders auch für die kaiserlichen Gemahlinnen, wie die zahlreich gewährten Privilegien, Stiftungen und Almosen beweisen. In St. Augustin wirkte auch der berühmte Augustinerpater, Prior und Ordensprovinzial **Abraham a Sancta Clara** aus Baden-Württemberg, der in seinen Predigten die Laster und Schwächen seiner Zeit in aufrüttelnder, oft sehr volksnaher Sprache anprangerte. 1784 fiel das Augustinerkloster den Reformen Kaiser Josefs II. zum Opfer. Um 1830 waren infolge Überalterung die letzten Augustinerpatres verstorben, die Seelsorge wurde Säkularklerikern übertragen. Die Kirche blieb zwar Hofpfarrkirche, wurde aber

gleichzeitig zur Stadtpfarrkirche erhoben. Außerdem wurde sie auf Weisung Josefs II. einer vollständigen Regotisierung unter der Leitung seines **Oberhofarchitekten Ferdinand Hetzendorf von Hohenberg** unterzogen.

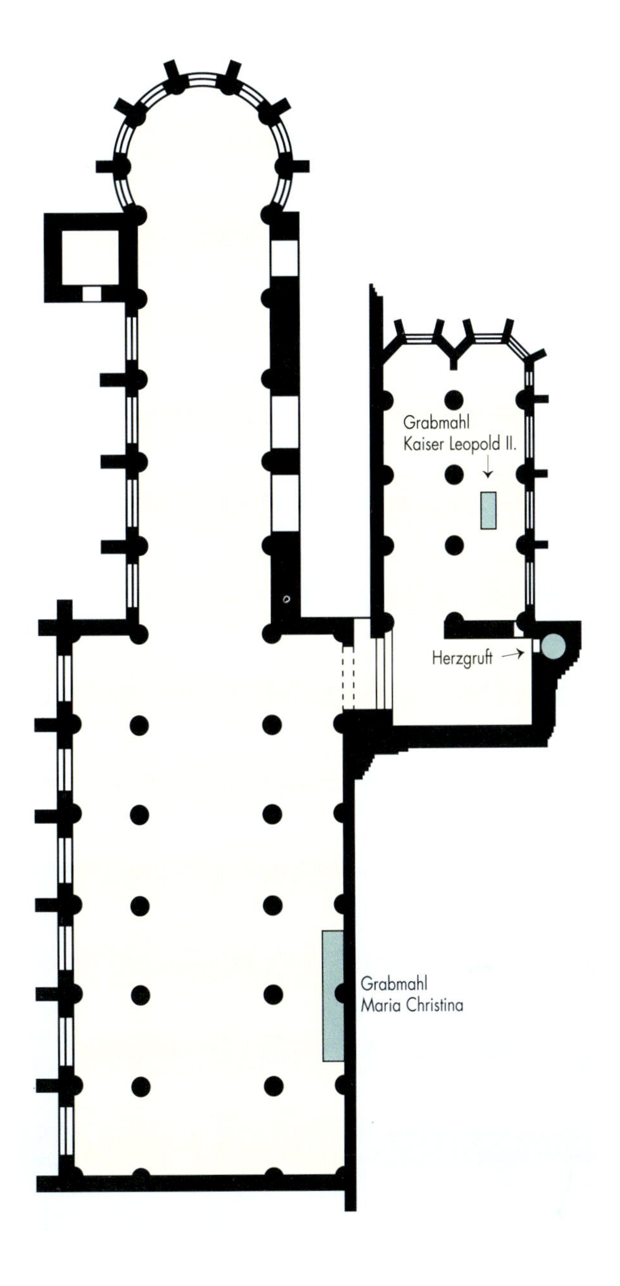

Stich der Augustinerkirche (Salomon Kleiner).

Die Klostergebäude wurden aufgeteilt und zweckentfremdet: Kaiser Franz II./I. stiftete in einem Teil das „k.k. höhere Bildungsinstitut zum Hl. Augustin" für Weltpriester aus der gesamten Monarchie; den Basteitrakt, zusammen mit dem Palais Taroucca, bauten Herzog Albert von Sachsen-Teschen und seine Gemahlin Maria Christina zur heute weltberühmten Grafiksammlung Albertina aus; weite Gebäudeteile wurden der ehemaligen Hofbibliothek zugewiesen (der sog. Augustinerlesesaal der Österreichischen Nationalbibliothek befindet sich im ehemaligen Refektorium des Klosters). Seit 1951 sind Kloster und Kirche wieder im Besitz der Augustiner-Eremiten.

Die kaiserliche Herzgruft der Loreto-kapelle – einst und jetzt

1624 hatte **Kaiserin Eleonora**, die 2. Gemahlin Kaiser Ferdinands II., in der Hofpfarkirche eine Loretokapelle gestiftet.

Die Verehrung des im christlichen Abendland weitverbreiteten Loretokults galt jenem Haus, in dem Maria von Nazareth gewohnt und in dem sie die Botschaft des Engels von ihrer Auserwählung zur Gottesmutter empfangen hatte. Nach der Überlieferung wurde dieses Haus nach dem unglücklichen Ausgang der Kreuzzüge auf wundersame Weise durch Engelshand aus dem Heiligen Land fort und nach Europa gebracht, wo es im Lorbeerhain einer edlen Dame namens Laureta in der Nähe der Stadt Ancona seine endgültige Bleibe fand. Bald kamen Pilger aus aller Herren Länder, um in jener Casa Santa zu beten. Zur Zeit der Gegenreformation, als der Marienverehrung ganz besondere Bedeutung zukam, entstanden im gesamten katholischen Europa eine Reihe solcher Marienheiligtümer.

Die Maße der **Capella Lauretana** in St. Augustin entsprachen den Originalabmessungen von 9,25 x 4,1 m bei einer Höhe von etwa 5 m, wobei die Kapelle fast das gesamte Mittelschiff einnahm.
Nach Art orientalischer Häuser bestand die Kapelle aus Bruchsteinen, die Mauern blieben unverputzt. Im Inneren befand sich ein umgehbarer Altar und in der dahinterliegenden Mauernische eine Marienstatue aus Zedernholz mit dem Jesuskind im Arm.
Nach dreijähriger Bauzeit wurde die Lauretanische Kapelle in St. Augustin in Gegenwart der Stifterin, des gesamten kaiserlichen Hofes und des Kardinals Franz Fürst von Dietrichstein eingeweiht, bald darauf auch das Gnadenbild der Maria Lauretana aufgestellt, die nicht nur die Hausmutter des Erzhauses, sondern auch Mittelpunkt der populärsten Pilgerstätte Wiens wurde. 150 Jahre lang diente die Casa Santa von St. Augustin auch als zweite Hofkapelle und Privatheiligtum des Hofes.

Ursprüngliches Herzgrüftl in der alten Loretokapelle.

Auf Wunsch ihres Stiefsohnes Ferdinand IV. war es wiederum Kaiserin Eleonora, die 1657 das sogenannte „Herzgrüftl" für die Aufbewahrung der kaiserlichen Herzurnen anlegen ließ. Ferdinand hatte kurz vor seinem Tod im Jahre 1654 testamentarisch verfügt, daß man „sein Herz Unserer Lieben Frau Maria von Loreto zu Füßen legen solle". Bis dahin waren die Herz- und Intestina-Urnen gemeinsam mit den übrigen sterblichen Überresten bestattet worden.
Im Fußboden zwischen dem Altar und der in einer Wandnische dahinter stehenden Muttergottesstatue ließ die Kaiserin eine kleine, mit Marmor ausgekleidete Gruft ausmauern. Sie war 1 1/2 Schuh tief (ca. 40 cm), eine eiserne und darüber eine marmorne Platte bildeten den Verschluß. Insgesamt wurden 21 Herzurnen in ihr bestattet.

Gnadenbild, Loretokapelle.

Im Zuge der **Klosteraufhebung von 1784** und der Regotisierung der gesamten Kirche wurde das populäre Marienheiligtum abgebrochen und die Schätze der Gnadenkapelle eingezogen.
Da aber Adel und Volk gleichermaßen die Wiedererrichtung der Loretokapelle forderten, wurde sie noch im selben Jahr in der ehemaligen „unteren Kapelle" der Totenbruderschaft, einem Zubau der südlich der Kirche liegenden Georgskapelle, neu geschaffen, allerdings jeglichen Schmuckes beraubt. Das Gnadenbild selbst wurde einfach bemalt, um es auch ohne die kostbaren, meist von frommen Stifterinnen gearbeiteten Kleider, ausstellen zu können.

Mit der Verlegung der Loretokapelle wurde auch die Herzgruft aus der Kirche entfernt. Die Urnen wurden in einer kleinen Zeremonie in die neue Kapelle überführt und bis zum Bau der heutigen Herzgruft 1802 in einem versiegelten Kasten aufgehoben.
Zu den ursprünglichen 21 Herzbehältern kamen dann im Laufe des 19. Jh. noch weitere 36 dazu, von denen allerdings drei wieder an einen anderen Ort gebracht wurden (von Ezh. Leopold Ludwig in die großherzogliche Familiengruft in Florenz, von Kardinal Ezh. Rudolf in den Dom von Olmütz und von Ezh. Margarete, Prinzessin von Sachsen und Statthalterin von Tirol, in die Hofkirche von Innsbruck). Die Herzen der Kaiserin Anna und ihres Gemahls Matthias waren ursprünglich im Klarissinnenenkloster in der Dorotheergasse, jenes von Kaiser Ferdinand II. in seinem Mausoleum in Graz beigesetzt und erst auf Weisung Josefs II. nach St. Augustin überführt worden. Die Herzen der in Brüssel verstorbenen Statthalterinnen Maria Elisabeth und Maria Anna bzw. das Kind der letzteren waren schon 1749 auf Wunsch Maria Theresias nach Wien gekommen.

Jede Erinnerung an die barocke Loretokapelle ist verschwunden. Der Besucher muß mit einer unscheinbaren, nur selten geöffneten Kapelle vorlieb nehmen, die heute ein mehr als dürftiges Dasein fristet, bedenkt man, daß das habsburgische Marienheiligtum zu St. Augustin einmal zu den größten und bedeutendsten nicht nur der kaiserlichen Haupt- und Residenzstadt, sondern der gesamten Monarchie zählte.
Ihr einziger Schmuck sind neben der Gnadenstatue die Epitaphe höherer Hofbeamten und ein mit kaiserlichem Wappen geschmückter Grabstein der Totenbruderschaft, die einst hier ihren Sitz hatte. Diese „Bruderschaft der Abgestorbenen bey den reformierten Augustinern“, denen die Georgskapelle als Totenkapelle für Aufbahrungen und die darunterliegende Gruft als Begräbnisstätte zugewiesen wurde, hatte Kaiser Ferdinand III. 1638 in einem kaiserlichen Diplom gestiftet. Die Angehörigen der Bruderschaft sollten sich in barmherziger Liebe und Fürbitte jener armen Seelen annehmen, die zum Tode verurteilt und hingerichtet worden waren. Letztes Geleit, Begräbnis und Totenmesse sollte auch den Übeltätern zuteil werden.

Feierliche Promotion zweier Kavaliere zu Rittern des Goldenen Vlieses durch Kaiser Ferdinand III. im Presbyterium der Augustinerkirche in Wien am 16. Mai 1644.

In St. Augustin fanden neben den kaiserlicher Herzen auch die Verstorbenen führender Adelsgeschlechter wie der Palffy, Harrach, Schwarzenberg, Kolowrat, Waldstein und Strozzi ihre letzten Ruhestätten. Von ihren Grabmälern sind heute leider nur mehr spärliche Reste erhalten.

Die in der Herzgruft aufbewahrten Herzbecher:

Von 1657 bis 1878 wurden insgesamt 54 Silberurnen, unter anderem von 9 Kaisern und 8 Kaiserinnen, in der Hofpfarrkirche zu St. Augustin bestattet. Sie sind oben links beginnend in zwei übereinanderliegenden Reihen chronologisch angeordnet. Die nicht in St. Augustin bestatteten Herzen kaiserlicher Familienmitglieder wurden entweder zusammen mit den Intestina in der Herzogsgruft bei St. Stephan beigesetzt, in der Kaisergruft selbst oder an einem testamentarisch festgelegten anderen Ort. Die letzte Herzbestattung fand 1878 statt: Es war das Herz von Ezh. Franz Karl, dem Vater von Kaiser Franz Josef.

Obere Reihe (von links nach rechts):

1. Kaiserin Anna (†1618), Stifterin der Kaisergruft bei den P.P.Kapuzinern [Kap. 1]
2. Kaiser Matthias (†1619), Gemahl von Kaiserin Anna [Kap.2] Sein Herzbecher war Ende des 18. Jh. bereits in einem so schlechten Zustand, daß Kaiser Josef II. die Anfertigung eines Überbechers anordnete.
3. Kaiser Ferdinand II. (†1637) [sein Leichnam ruht in seinem Mausoleum in Graz]
Ursprünglich befanden sich sein Herz und seine Eingeweide in derselben Urne. Nach der Überführung von Graz nach Wien ließ Kaiser Josef II. die Intestina bei St. Stephan und das Herz in einem neuen Becher in der Loretokapelle beisetzen.
4. König Ferdinand IV. (†1654), Sohn von Kaiser Ferdinand III. und Stifter der Herzgruft [Kap. 29] Sein Herz war das erste, das in der Loretokapelle beigesetzt wurde.
5. Ezh. Leopold Wilhelm (†1662), Bruder Kaiser Ferdinands III. [Kap. 115]
6. Kaiserin Margarita Teresa (+1673), 1. Gemahlin von Kaiser Leopold I. [Kap. 20]
7. Kaiserin Eleonora (†1686), 3. Gemahlin von Kaiser Ferdinand III. [Kap. 19]
8. Kurfürstin Maria Antonia (†1692), Tochter von Kaiser Leopold I. und Margarita Teresas, Gemahlin von Max II. Emanuel von Bayern [Kap. 28]
9. Ezh. Maria Theresia (†1696), Tochter von Kaiser Leopold I. [Kap. 25] Da sich auf ihrer Herzurne statt einer Inschrift nur 24 eingravierte Herzen befanden, wußte man ursprünglich nicht, wessen Herz sie enthielt. Erst als man die Herzogsgruft bei St. Stephan 1753 öffnete, fand man eine ebensolche mit eingraviertem Namen und konnte daraufhin auch die Urne in der Herzgruft identifizieren.
1o. Ezh. Maria Josefa (†1703), Tochter von Kaiser Leopold I. und Eleonora von der Pfalz [Kap.16]
11. Kaiser Leopold I. (†17o5), Sohn von Kaiser Ferdinand III. [Kap 37]
12. Kaiser Josef I. (†1711), Sohn von Kaiser Leopold I. [Kap. 35]
13. Kaiser Karl VI. (†174o), 2. Sohn von Kaiser Leopold I. [Kap. 40]

14. Ezh. Maria Elisabeth (†1741), Schwester von Karl VI. und Statthalterin der Niederlande [Kap.38] Ihre Herzschale ist mit zwei Henkeln versehen, der Deckel mit einem goldenen Namensplättchen.
15. Ezh. Maria Anna (†1744), Schwester von Maria Theresia, Statthalterin der Niederlande [Kap. 39] Ihr Herz war ursprünglich in einem kleinen Holzbehälter eingeschlossen, erst als dieser morsch wurde, ersetzte man ihn durch einen silbernen.
16. Unbenannte Tochter von Ezh. Maria Anna (†1744) [Kap. 47]
17. Kaiserin Elisabeth Christina (†175o), Gemahlin von Kaiser Karl VI. [Kap. 36]
18. Ezh. Karl Josef (†1761), Sohn von Maria Theresia [Kap. 44]
19. Ezh. Johanna Gabriela (†1762), Tochter von Maria Theresia [Kap. 45]
2o. Kaiser Franz I.(†1765), Gemahl von Kaiserin Maria Theresia [Kap. 56]
21. Kaiserin Maria Theresia (†1780) [Kap. 56]
22. Ezh. Ludovika Elisabeth (†1791), Tochter von Kaiser Franz II./I. [Kap. 66A]
23. Kaiser Leopold II. (†1792), Sohn von Maria Theresia [Kap. 113]
24. Kaiserin Maria Ludovika (†1792), Gemahlin von Kaiser Leopold II. [Kap. 114]
25. Ezh. Karolina Leopoldine (†1795), Tochter von Kaiser Franz II/I. [Kap. 95D]
26. Ezh. Alexander Leopold (†1795), Palatin, Sohn von Kaiser Leopold II. [Kap. 64A]
27. Ezh. Maria Amalie (†1798), Tochter von Kaiser Leopold II. [Kap. 65A]
28. Ezh. Maria Christina (†1798), Tochter von Maria Theresia [Kap. 112]
29. Ezh. Karoline Ludovika (†1799), Tochter von Kaiser Franz II./I. [Kap. 87C]
3o. Fürsterzbischof Maximilian Franz (†18o1), jüngster Sohn von Maria Theresia [Kap. 118]
31. Ezh. Carolina Ferdinanda (†18o2), Tochter von Franz II./I. [Kap. 79B]
32. Großherz. Ludovika Maria (†18o2), 1. Gemahlin von Großherzog Ferdinand III. von Toskana [84C]

Untere Reihe (von links nach rechts):

33. Ezh. Ferdinand Karl (†18o6), Sohn Maria Theresias [Kap. 1o5]
34. Kaiserin Maria Theresia Karolina (†1807), 2. Gemahlin von Kaiser Franz II./I. [Kap. 6o]
35. Ezh. Josef Franz Leopold (†1807), Sohn von Kaiser Franz II./I. [Kap. 69A]
36. Ezh. Johann Nepomuk Karl (†1809), Sohn von Kaiser Franz II./I. [Kap. 71A]
37. Königin Maria Karolina (†1814], Tochter von Maria Theresia [Kap. 107]
38. Kaiserin Maria Ludovika (†1816), 3. Gemahlin von Kaiser Franz II./I. [Kap. 58]
39. Herzog Albert von Sachsen-Teschen (†1822), Gemahl von Ezh. Maria Christina [Kap.111]
4o. Ezh. Rudolf Franz (†1822), Sohn von Ezh. Karl und Henriette von Nassau [Kap. 125]
41. Franz Josef Karl, Herzog von Reichstatt (†1832), Sohn Kaiser Napoleon I. und Maria Luises (sein Leichnam ruht im Invalidendom in Paris)
42. Kaiser Franz II./I. (†1835), Sohn von Kaiser Leopold II. [Kap. 57]
43. Ezh. Großmeister Anton Victor (†1835), Sohn von Kaiser Leopold II. [Kap. 103]
44. Ezh. Karl Ludwig (1847) General-Feldmarschall, „Sieger von Aspern", [Kap. 122]
45. Ezh. Ferdinand Karl von Österreich-Este (†1850), Sohn von Maria Theresia [Kap. 102]
46. Ezh. Franz Josef (†1855), Enkel von Ezh. Karl Ludwig [Kap. 68A]
47. Ezh. Maria Anna (†1858), Tochter von Kaiser Franz II/I. und Maria Theresia [82C]
48. Ezh. Hildegard (†1864), Tochter von König Ludwig I. von Bayern, Gemahlin von Erzh.Albrecht [Kap. 129]
49. Ezh. Ludwig Josef (†1864) Sohn von Kaiser Leopold II., Staatsratsvorsitzender [Kap. 104]
5o. Großherzogin Maria Anna (†1865), Tochter von König Maximilian von Sachsen, 2. Gemahlin von Großherzog Ferdinand III. von Toskana [86C]
51. Ezh. Mathilde (†1867) Tochter von Ezh. Albrecht und Hildegard von Sachsen [Kap. 130]
52. Kaiser Ferdinand I. (†1875), Sohn von Kaiser Franz II./I. [Kap. 62]
53. Ezh. Franz Karl (†1878) Vater von Kaiser Franz Joseph [Kap. 135]
54. Ezh. Maria Amalie († Prag 1804), Tochter von Maria Theresia (ihr Leichnam ruht im Veitsdom in Prag)

Die Herzgruft in der Hofpfarrkirche zu St. Augustin.

Verschiedene Typen von Herzurnen in Silber und Gold.

Das Grabmal Kaiser Leopolds II. in der Georgskapelle

Im südlichem Schiff der Kapelle ragt – fast wie ein Fremdkörper – das prunkvolle, aber leere Hochgrab Kaiser Leopolds II. empor. Das Hauptwerk des österreichischen Bildhauers **Franz Anton Zauner** war ursprünglich für die Kapuzinerkirche geschaffen worden und erst 1801 auf Veranlassung Kaiser Franz II./I. in Ermangelung eines anderen geeigneten Aufstellungsortes nach St. Augustin gebracht worden.

Kenotaph von Kaiser Leopold II. in der Georgskapelle.

Die Georgskapelle gehört zu den seltenen zweischiffigen Kirchen Österreichs. Sie wurde fast gleichzeitig mit der Augustinerkirche als eine Stiftung Herzog Ottos „des Fröhlichen" errichtet und 1341 als Kapitelsaal des Klosters und Versammlungsort des 1337 für den Kampf des Abendlandes gegen die Türken gegründeten St. Georgs Ritterordens geweiht. Die Georgskapelle sollte durch ihre elegante Architektur dieser Bestimmung entsprechen.

1400 starben die Georgsritter aus, ihnen folgten die Ritter des Ordens vom Goldenen Vlies, des höchsten Verdienstordens des Hauses Habsburg, der hier vergeben wurde. Hier wurde auch eine Zeitlang die Investitur des Deutschen Ritterordens vorgenommen: 1662 von Ezh. Karl Josef, 1770 von Ezh. Maximilian, dem jüngsten Sohn Maria Theresias und späteren Fürsterzbischofs von Köln, und 1887 von Ezh. Eugen. Ebenso fand in der Georgskapelle die Aufnahme in den Militär-Maria Theresienorden statt.

Die Georgskapelle wurde auch als Grabeskirche verwendet. Dies belegen die sich heute noch dort befindlichen Epitaphe, wie z.B. dervon Balthasar Moll für Graf Leopold Daun, den Sieger in der Schlacht von Kolin gegen Friedrich II. von Preußen oder der vom Leibarzt Maria Theresias, Gerhard van Swieten, der auch als Reformator des Gesundheitswesens und Begründer der 1. Wiener Medizinischen Schule in die Geschichte eingegangen ist. Über dem vergoldeten Grabmal des Siegers von Kolin kann man übrigens auch noch Reste des hölzernen, ursprünglich zweistöckigen Augustinergangs sehen, der einst die Hofburg mit den Kaiseremporen der Kirche verband und über den auch die Herzurnen zur Beisetzung in die Loretogruft getragen wurden.

Das Grabmal Maria Christinas im Langhaus von St. Augustin

Das klassizistische Meisterwerk des venezianische Künstlers **Antonio Canova** wurde in den Jahren 1801–1805 im Auftrag Herzog Alberts von Sachsen-Teschen für seine frühverstorbene Gemahlin angefertigt.

Grabmal von Maria Christina von Antonio Canova.

In das geöffnete Tor schreitet die Tugend mit einer Urne in den Händen, begleitet von zwei Mädchen mit Totenfackeln, um das Innere der Gruft zu erhellen. Ihnen folgt in einer zweiten Gruppe die barmherzige Liebe mit in Trauer geneigtem Haupt, einen blinden Greis am Arm. Selbst die Tierwelt trauert, symbolisiert durch den schmerzerfüllten königlichen Löwen mit dem sächsischen Wappenschild seiner Herrin. Auf ihn stützt sich ein geflügelter Genius. Über dem Eingang in das Grabmal schwebt die Glückseligkeit mit dem Medaillon der Verstorbenen und der Inschrift UXORIS OPTIMAE ALBERTUS (der besten Gattin von Albert) umrahmt von einer zum Kranz geschlungenen Schlange als Sinnbild der Ewigkeit. Der Glückseligkeit gegenüber ein Genius, Christina einen Palmenzweig reichend.

4. DIE DOMINIKANER-KIRCHE

Geschichte von Kirche und Kloster

1226 war der neue Predigerorden der Dominikaner von Herzog Leopold VI. nach Wien berufen und nächst dem Stubentor angesiedelt worden, wo die Mönche ein Grundstück für den Bau eines Klosters und einer Kirche, die 1237 geweiht wurde, erhielten. Nach zwei Bränden entschloß man sich 1283

Die Dominikanerkirche heute.

zum Bau einer wesentlich größeren gotischen Kirche, deren Langhaus aber erst nach fast zweihundertjähriger „Bauzeit" fertiggestellt wurde. Schwere Beschädigungen durch die 1. Türkenbelagerung Wiens 1529 machten einen neuerlichen Neubau notwendig. Am 6. Mai 1631 erfolgte die feierliche Grundsteinlegung durch Kaiser Ferdinand II. Die Bauleiter, der Kremser **Jakob Spatz** sowie die Italiener **Cipriano Biasino** und **Antonio Canevale**, benötigten nur drei Jahre zur Fertigstellung des Rohbaues. Kuppel und Fassade folgten zwischen 1666 und 1674. Die Freitreppe stammt aus dem 19. Jh. Die Rosenkranzmadonna, verehrt von der hl. Katarina von Siena und der hl. Agnes, bildet den Mittelpunkt der kräftig gegliederten, frühbarocken Fassade.

Kaiserlicher Doppeladler über der Grabkapelle von Kaiserin Claudia Felicitas.

Das Kircheninnere besticht durch seine Größe und die üppigen, durch Fresken aufgelockerten frühbarocken Stuckdekorationen. Der Altar selbst stammt aus dem 19. Jh. und wurde von **Karl Rösner** im spanischen Stil geschaffen. Das Altarblatt ist ein Werk des berühmten Wiener Malers **Leopold Kupelwieser** und stellt die Einsetzung des Rosenkranzfestes durch Papst Gregor XIII. dar.

Die Dominikuskapelle als kaiserliche Grablege

Ein goldener Kaiseradler mit dem Monogramm CL (für Claudia und Leopold) über dem Altar der Dominikuskapelle, der rechten Seitenkapelle des Querschiffes, und eine ebenfalls mit einem Adler geschmückte, in den Boden vor den Altarstufen eingelassene Marmorplatte verweisen auf die sich unter der Kapelle befindliche kaiserliche Grablege. Ursprünglich war dies die Familiengruft der Fürsten von und zu Liechtenstein, die auch den Bau des Dominikusaltares in Auftrag gegeben hatten.

Die Marmorplatte vor den Altarstufen.

Kaiserin Claudia Felicitas, die 2. Gemahlin Kaiser Leopolds I., ließ die Gruft umwidmen und **Tobias Pock** mit der Ausschmückung des Altars beauftragen. Das kleine Bild unter Glas ist eine Kopie des Gnadenbildes St. Dominikus von Soriano, das der Überlieferung nach die Gottesmutter den Predigerbrüdern von Soriano übergeben haben soll. Das Altarblatt zeigt den Ordensstifter in Anbetung der Hl. Dreifaltigkeit, das kleine Ovalbild über dem Altarblatt den hl. Dominikus, aus der Hand der Muttergottes den Rosenkranz empfangend und als Abschluß des Altars die Darstellung des Engelssturzes.

Kaiserin Claudia Felicitas, die jung verstorbene zweite Gemahlin von Kaiser Leopold I.

Der Marmorstein vor den Stufen des Altars trägt die lateinische Inschrift: „Hier ruht Claudia, die Gemahlin Kaiser Leopolds. Grabmal der überaus fromm aus dem Leben geschiedenen Felicitas, der erhabenen römischen Kaiserin und Königin von Deutschland, Ungarn und Böhmen, Erzherzogin von Österreich, geboren zu Innsbruck den 30. Mai 1653."

Ein Blick in die Gruft der Dominikanerkirche.

Die Sarkophage von Kaiserin Claudia und ihrer Mutter.

Die Herzurne von Maria Josefa auf dem Sarg ihrer Mutter (links). Maria Josefa auf dem Totenbett (unten).

Die von Zeitgenossen als überaus schön und anmutig geschilderte Tochter von Ezh. Ferdinand von Tirol und Anna von Medici wurde 1673 mit Kaiser Leopold I., kurz nach dem Tod seiner ersten Gemahlin Margarita Theresia vermählt. Die Heirat sollte die Einheit der beiden habsburgischen Linien Österreich und Tirol bekräftigen und fand unter großer Prunkentfaltung in Graz statt. Claudia starb nur 23jährig wenige Monate nach der Geburt ihrer zweiten Tochter.

Die Kaiserin hatte testamentarisch verfügt, daß sie im Ordenshabit der Dominikanerinnen bei den ihr persönlich nahestehenden Dominikanern zur letzten Ruhe gelegt werde. Dieser Wunsch war nichts Außergewöhnliches.
Protokollarische Probleme verursachte hingegen die Verfügung, ihr Herz statt bei den Augustinern an der Seite ihres Gemahls in der Kaisergruft beizusetzen. Dies führte zu Streitigkeiten um das Recht der Totenwache.
In der Dominikuskapelle liegt Claudia Felicitas neben ihrer Mutter **Anna von Medici** (*Florenz 1616 †Wien 1676) und ihrer ersten Tochter **Anna Maria Sophia** [Kap.3], die 1674 im Alter von nur drei Monaten starb. Von ihrer zweiten Tochter **Maria Josefa** [Kap.8] befindet sich nur das Herz in einem silber-vergoldeten Becher bei der Mutter.

5. DAS KLOSTER DER SALESIANERINNEN AUF DEM RENNWEG

Geschichte von Kloster und Kirche

Das direkt an die Schloß- und Gartenanlage des Belvederes im Osten anschließende barocke Kloster der Salesianerinnen (hl. Franz von Sales 1567–1622) am Rennweg mit seiner weithin sichtbaren, kuppelbekrönten Kirche gehört zu den weniger bekannten Kostbarkeiten Wiens.
Das mit dem Reichsadler und der Kaiserkrone verzierte Hauptportal mit den Initialen W. A. weist auf die kaiserliche Stifterin des Klosters hin, Amalia Wilhelmina (1678–1742), Gemahlin des jungverstorbenen Kaiser Josef I., die ihre Witwenjahre zurückgezogen in einem kontemplativen Kloster verbringen wollte, ohne ihre repräsentativen Pflichten bei Hof zu vernachlässigen.

Stich vom Salesianerinnenkloster am Rennweg in Wien.

Am Dreifaltigkeitssonntag 1717, dem Geburtstag Maria Theresias, wurde der Grundstein gelegt. Architekt war der Italiener **Donato Felice d'Allio** (1677–1761), unter dessen Leitung auch der barocke Ausbau von Stift Klosterneuburg stand. An der

Fassade arbeitete **Josef Emanuel Fischer von Erlach** mit. Obwohl der Rohbau nur zwei Jahre dauerte, wurde die Kirche selbst erst 1728 vollendet und geweiht. Der einzige nennenswerte Klosterneubau im Wien des 18. Jh. war einerseits ein Ort der Kontemplation, andererseits eine Erziehungsanstalt für adelige Mädchen.
Die Anlage umschließt acht Höfe. Die südlich gegen das Belvedere hin gelegenen Gebäude bildeten den Kaiserinnentrakt mit eigener Einfahrt. Heute ist dieser Trakt an die Wiener Hochschule für Musik und darstellende Kunst vermietet.
Durchschreitet man das links davon gelegene Barocktor mit seinem kunstvollen, schmiedeeisernen Gitter, so betritt man den Ehrenhof und steht unmittelbar vor der zweigeschoßigen Fassade der Kirche. Sie ist bescheiden gegliedert und mit Dreiecksgiebel und großer Pilasterordnung versehen. Die Kirche selbst ist ein hoher, ovaler Zentralraum mit Tambour, Kuppel und Laterne. Auch hier fällt die für das frühe 18. Jh. ungewöhnliche Klarheit und Nüchternheit des Raumes auf, dem jeglicher barocker Überschwang fehlt. Die Kaiserin hatte dem Wunsch der Ordensfrauen nach einem schlichten, ihrer stillen Zurückgezogenheit angepaßten Raum entsprochen.

Kaiserin Amalia Wilhelmina und ihre Stiftung

Infolge der aufopfernden Pflege ihres an Pocken erkrankten Mannes selbst erkrankt, beschloß Amalia Wilhelmina nach ihrer Genesung, „auf den Tod hin im Angesicht der Ewigkeit zu leben“. Nach 1722 zog sich die Kaiserin immer öfter in das Kloster am Rennweg zurück. Mit zunehmendem Alter litt sie an Wassersucht und siechte unter großen Schmerzen dahin. Sie starb am 10. April 1742.

In ihrem Testament verfügte Kaiserin Amalia Wilhelmina, im Ordenskleid der Salesianerinnen in einem schlichten Steinsarkophag in der Gruft des Klosters unter dem Hochaltar beigesetzt zu werden. Nur ihr Herz sollte in der Kapuzinergruft zu Füßen ihres Mannes liegen. Ihre Begräbnisstätte ist unverändert geblieben, liegt aber in der Klausur des Klosters und kann nicht besichtigt werden.

Der schlichte Steinsarkophag der Kaiserin Amalia Wilhelmina unter dem Hochaltar des Klosters.

Nach dem Tod der Kaiserinwitwe durfte sich das Kloster weiterhin kaiserlicher Gunst erfreuen. Maria Theresia weilte besonders gerne bei den Salesianerinnen, und auch ihr Sohn Josef schätzte die Erziehungs- und Bildungsarbeit der Schwestern, sodaß dieses Kloster von einer Auflösung verschont blieb. Spätere Wohltäterinnen wurden Marie Thérèse Charlotte, Herzogin von Angoulême (1778–1851), die Tochter Marie Antoinettes und des französischen Königs Ludwig XVI., die nach ihrer Flucht aus Frankreich im Belvedere Quartier bezog, und Kaiserin Caroline Auguste, vierte Gemahlin Kaiser Franz I. Sie weilte oft zu Besuch bei den Schwestern in der Klausur und beschenkte sie großzügig. Auch Kaiserin Elisabeth hielt sich oft bei den Salesianerinnen auf.

6. DIE AUFGELASSENEN BEGRÄBNISSTÄTTEN DES HAUSES HABSBURG IN WIEN

Das Minoritenkloster und die Gruft unter dem Ludwigs-Chor der Kirche Maria Schnee

Historischer Stich der Ludwigskapelle, die als Anbau an die Minoritenkirche errichtet wurde.

Herzogin Blanche von Valois *Paris1285 †Wien 1305, Tochter des französischen Königs Philipp III. und Maria von Brabant; Gemahlin Herzog Rudolfs III. von Habsburg

Die Ehe mit dem ältesten Sohn König Albrechts I. entsprang dem Wunsche nach einer engen Verbindung des Hauses Habsburg mit dem französischen Königshaus.
Nach langen Verhandlungen wurde Blanche zu Pfingsten 1300 in Paris mit Rudolf vermählt und traf zu Weihnachten desselben Jahres mit einer überaus reichen Mitgift in Wien ein. Schon fünf Jahre später starb sie wahrscheinlich an einer Totgeburt und wurde ihrem Vermächtnis entsprechend in der Krypta der Minoritenkirche, deren Bau sie zeitlebens eifrig unterstützt hatte, beigesetzt. Das prachtvolle Grabmal sowie ihre sterblichen Überreste verschwanden schon während der Regotisierung der Kirche unter Kaiser Josef II.

Stich des Grabmals von Herzogin Blanche von Valois.

Königin Elisabeth von Aragón *1300/2 †Obersteiermark 1330, Tochter von König Jaymes II. von Aragón und Blanca von Neapel; Gemahlin König Friedrich (III.) des Schönen

Nach einer Prokuratsehe traf Elisabeth 1314 mit ihrem ansehnlichen Brautschatz in Österreich ein, worauf in Judenburg in der Steiermark die eigentlichen Hochzeitsfeierlichkeiten stattfanden. Ein Jahr später wurde sie in Basel zur Königin gekrönt.

Die schwierige politische Situation, in die sie durch die doppelte Königswahl und die darauf folgenden Auseinandersetzungen mit Ludwig dem Bayern geriet, untergruben ihre Gesundheit. Sie starb nach kurzer Witwenschaft 1330 und wurde in der Krypta unter dem von ihr gestifteten (und heute nicht mehr vorhandenen) Ludwigs-Chor der Minoritenkirche beigesetzt.

Königin Elisabeth von Aragón

Das „Königinkloster" der Klarissinnen in der Dorotheergasse

(heute Lutherische Stadtkirche, Dorotheergasse 18)

Das Nonnenkloster zu St. Maria, Königin der Engel (Königinkloster).

Das von Kaiser Josef II. aufgehobene Klarissinnen-Kloster der hl. Maria, Königin der Engel (im Volksmund das „Königinkloster") war nach dem Stephansdom die zweitälteste Begräbnisstätte des Hauses Habsburg in Wien. Es erstreckte sich ursprünglich zwischen Josefsplatz, Dorotheergasse, Bräunerstraße und Stallburggasse und war mit der Stallburg, der Residenz der Königinwitwe Elisabeth, durch einen überdachten Gang verbunden. Architekt von Kirche und Kloster war **Jakob Vivian**, ein enger Mitarbeiter **Pietro Ferraboscos**.

Die **Stiftung des Klosters** im Jahre 1582 geht auf Königin Elisabeth, Witwe des französischen Königs Karl IX. und Schwester der Kaiser Rudolf II. und Matthias, zurück. Nach dem frühen Tod ihres Gemahls kehrte die erst 20-jährige Witwe an den Wiener Hof ihres Bruders zurück. Unter der Herrschaft Karls hatte am 24. August 1572 jene grausame Ermordung von mehr als 20.000 Hugenotten im Auftrag seiner Mutter Katharina von Medici stattgefunden, die als „Bartholomäusnacht" in die Geschichte eingegangen ist.

Königin Elisabeth, im Hintergrund ihre Stiftung.

Das Wappen von Königin Elisabeth.

1592 starb Elisabeth und wurde in der Gruft ihrer Stiftung unter dem Hochaltar beigesetzt, ursprünglich nur in einer einfachen hölzernen Truhe, später, auf Veranlassung ihres kaiserlichen Bruders Rudolf II., in einem metallenen Sarg.

Der ursprüngliche hölzerne Sarg von Königin Elisabeth.

1618 folgte die Beisetzung ihrer Schwägerin Kaiserin Anna, 1619 die ihres Bruders Matthias und 1637 die Kaiser Ferdinands II. in derselben Gruft, alle drei wurden jedoch nach nur wenigen Jahren in andere kaiserliche Begräbnisstätten überführt.

1782 wurden im Zuge der Klosterauflösung auch die Herzen von Anna, Matthias und Ferdinand II., die ursprünglich in Wandnischen hinter dem Altar der Klosterkirche beigesetzt worden waren, in die Herzgruft bei den Augustinern überführt. Allein die drei kleinen Marmorplatten, die diese Nischen verschlossen hatten, waren in der Klarissinnenkirche zurückgeblieben und sind heute noch im linken hinteren Kirchenschiff in der Wand zu sehen. Drei sind mit Namen, Kronen und Sterbejahr versehen.
Die Bedeutung der vierten Tafel mit der Inschrift S.L.H.C. und der Jahreszahl 1607 ist bis heute ungeklärt.

Das Kloster wurde der lutherischen Gemeinde, die sich nach langer Zeit der Unterdrückung aufgrund des Toleranzpatents Kaiser Josef II. bilden konnte, über eine Versteigerung käuflich überlassen. Die damals geltenden kaiserlichen Bauvorschriften verweigerten der nichtkatholischen Kirche aber sowohl einen direkten Zugang von der Straße als auch eine straßenseitige Fassade. Ein eigener Straßentrakt mußte errichtet werden, wodurch das Bethaus in der Dorotheergasse das Aussehen eines gewöhnlichen Wohnhauses erhielt. Aufgrund der strengen Sicherheitsvorschriften nach dem großen Ringtheaterbrand von 1881 erfolgte 1907 ein weiterer Umbau, der dem Gotteshaus seine heutige Gestalt gab: Die Kirche erhielt zusätzlich zu den nord- und südseitig über einen Vorhof zu erreichenden Türen einen straßenseitigen Eingang, für den der Chorraum durchbrochen und die Kirche um 180 Grad gedreht wurde. Der Eingang befindet sich heute an der Stelle des ursprünglichen Chorabschlusses bzw. der darunterliegenden Gruft, von der nichts mehr erhalten ist. Sie dient heute als Keller und Abstellraum.

Die Marmortafeln von den Mitgliedern des Kaiserhauses, deren Herzen ursprünglich in der Klosterkirche beigesetzt waren.

Innenraum der Lutherischen Stadtkirche heute.

Das „Siebenbüchnerinnenkloster“ der Karmeliterinnen

Die ebenfalls unter Kaiser Josef II. aufgehobene Klosteranlage, die sich einst zwischen dem heutigen Salzgries, der Marc-Aurel Straße und dem Ruprechtsplatz, also in unmittelbarer Nähe von Ruprechtskirche und Donaukanal erstreckte, barg die Begräbnisstätte von **Kaiserin Eleonora [von Mantua].**

Die als sehr fromm und außergewöhnliche Schönheit geltende Eleonora heiratete 1622 in Innsbruck den verwitweten Kaiser Ferdinand II., mit dem sie 15 Jahre verheiratet war. Ihre Ehe blieb kinderlos. Obwohl die Kaiserin auch je ein Karmeliterinnenkloster in Wien und in Graz gründete, erinnert man sich an sie allgemein nur als Stifterin der Loretokapelle zu St. Augustin *(s. S. 188)*

1633 ließ die Kaiserin anstelle einiger kleiner Privathäuser in der Nähe des alten Kienmarktes ein Karmeliterinnenkloster und eine Kirche bauen, die 1642 dem hl. Josef geweiht wurde.
Der im Volksmund gebräuchliche Name „Siebenbüchnerinnenkloster“ stammte vom Namen eines der für den Bau abgerissenen Hauser, das „Zu den sieben Büchern“ hieß und sich im Besitz eines Hofbibliothekars befunden hatte. Neben dem Kloster entstand das sogenannte „Nazareth“, ein Haus, das auf Geheiß der Kaiserin der Aufnahme mittelloser Fremde und Kranke diente.
Nach Fertigstellung der Anlage und dem Tod ihres Gemahls zog sich Eleonora in das Kloster als Witwensitz zurück und verblieb dort bis zu ihrem Tod 1655.

Sarkophag von Eleonora in der Herzogsgruft zu St. Stephan, in die die sterblichen Überreste der Kaiserin übertragen wurden.

Ihrem Wunsch gemäß wurde sie in der Ordenstracht der Karmeliterinnen unter dem Hochaltar in einem steinernen Sarkophag beigesetzt. Ihr Herz und der Finger, der den Ehering trug, ruhen neben ihrem Gatten in dessen Grazer Mausoleum. Nach der Aufhebung des Klosters wurden die sterblichen Überreste der Kaiserin 1872 in die Fürstengruft zu St. Stephan überführt (s. Herzogsgruft S. 173).

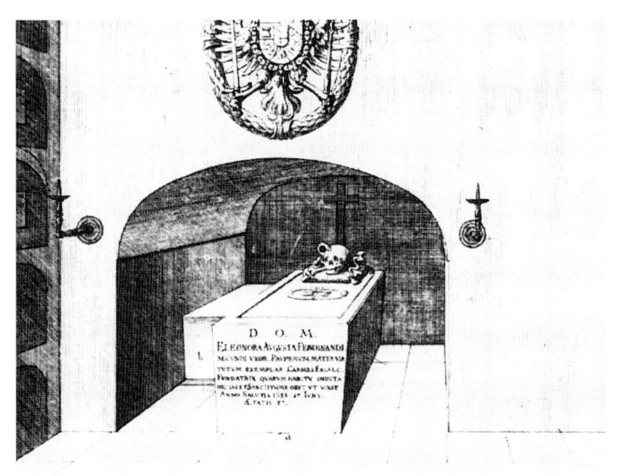

Alte Gruft des Karmeliterinnenklosters mit Sarkophag von Kaiserin Eleonora [von Mantua].

Nach der Schließung von Kirche und Kloster 1784 blieb der Komplex, mit anderer Verwendung, vorerst unverändert. 1885 wurde der gesamte Bau abgebrochen, um Wohnhäusern Platz zu machen.

Ansicht des Siebenbüchnerinnenkloster um 1700.

Alphabetische Auflistung der in Wien beigesetzten Mitglieder des Hauses Habsburg

Die Zahl hinter dem Sterbedatum bezeichnet die Seite, auf der die jeweilige Begräbnisstätte beschrieben ist.

Rund um den Dom und durch die „Kirchen-Krufften" zu St. Stephan
Führer rund um den Stephansdom und durch die alten und neuen Katakomben.
10 x 21 cm, 64 Farbseiten, Plan der Kirchen-Krufften und Stadtplan, deutsch und englisch

Kaisergruft-Farbführer
10 x 21 cm, 46 Seiten, Lageplan mit Gesamtverzeichnis, Stammtafel der Häuser Habsburg und Habsburg-Lothringen, in 7 Sprachen (deutsch, englisch, französisch, italienisch, spanisch, ungarisch und japanisch)

Weitere interessante Begräbnisstätten des Hauses Habsburg im In- und Ausland (Auswahl):

Artstetten, NÖ / Schloßkapelle: Thronfolger Franz Ferdinand und Gemahlin Fürstin Hohenberg, u.a. (s. S 146f)

Brügge, Belgien / Kirche unserer Lieben Frau: Maria von Burgund und das Herz ihres Gemahls, Kaiser Maximilian I.

Brüssel / Dom St. Gudula: urspr. Begräbnisstätte der Ezh. Maria Elisabeth [38] und Maria Anna [39] u.a. (s. S 78f)

Budapest / Palatinische Gruft in der Burg: Erbbegräbnis der ungarischen Linie des Hauses Habsburg (s. S 32)

Dresden / Hofpfarrkirche: Ezh. Maria Josefa (†1755), Tochter Kaiser Josefs I. und Schwiegertochter des Großen Kurfürsten, August des Starken von Sachsen, u.a. (s. S 71)

Florenz / San Lorenzo: Ghz. Ferdinand III. von Toskana (†1824), Sohn Kaiser Leopolds II. u.a. (s. S 118)

Funchal, Madeira / Kirche Nossa Senhora do Monte: Kaiser Karl von Österreich (s. S 156)

Gaming, NÖ / Karthause: Herzog Albrecht II. von Österreich, u.a. (s. S 160)

Graz / Mausoleum neben dem Dom: Kaiser Ferdinand II. und das Herz seiner Gemahlin Eleonora von Mantua,u.a. (s. S 210)

Innsbruck / Hofkirche: Leeres Grabmal von Kaiser Maximilian I. („Schwarzen Mander"), Begräbnis von Ezh. Ferdinand II. von Tirol, Sohn Kaiser Ferdinands I. u.a.

Innsbruck/ Jesuitenkirche: Claudia von Medici (+1648), Schwiegermutter von Kaiser Ferdninad III.

Lilienfeld, NÖ / Stift: Cimburgis von Masowien (†1429), Mutter von Kaiser Friedrich III. (s. S 180)

London / Westminster Abbey: Maria Tudor (†1558), 2. Gemahlin von König Philip II. von Spanien

Madrid / Escorial: Erbbegräbnis der spanischen Habsburger, u.a. von Kaiser Karl V., Philip II.

München / Theatinerkirche: Ezh. Maria Amalia (†1756), Tochter Kaiser Josefs II. (s. S 71)

Paris / St. Denis: Königin Marie Antoinette, Tochter von Kaiserin Maria Theresia (s. S 83)

Paris / Invalidendom: Franz Karl Napoleon (II.), Herzog von Reichstadt (s. S 134)

Prag / Veitsdom: die Kaiser Ferdinand I., Maximilian II., Rudolf II. (Bruder des Stifters der Kaisergruft in Wien); Ezh. Maria Amalia, Tochter Kaiserin Maria Theresias (s. S 83)

Prag / Veitsdom: Kaiser Ferdinand I., Maximilian II., Rudolf II., Maria Amalia, Tochter von Maria Theresia u.a.

St. Paul im Lavanttal, Kärnten / Stift: Übertragung zahlreicher früher Habsburger aus Benediktinerabtei St. Blasius im Schwarzwald

Sao Paulo, Brasilien: Kaiserin Leopoldine von Mexiko (†1826), Tochter von Kaiser Franz II./I. (s. S 101)

Seckau, Steiermark / Stiftsbasilika: Grablege der Innerösterreichischen Linie des Hauses Habsburg

Sindelburg bei Wallsee, NÖ: Marie Valerie, jüngste Tochter Kaiser Franz Josefs, und Gemahl Franz Salvator, u.a. (s. S 153)

Stams, Tirol / Stiftskirche: Erbbegräbnis der Tiroler Linie des Hauses Habsburg

Székesfehérvár/Stuhlweißenburg, Ungarn: König Albrecht II. (†1439) und seine Gemahlin Elisabeth (s. S 171)

Wiener Neustadt / Georgskapelle: Kaiser Maximilian I.

Wiener Neustadt / Zisterzienserkloster: Eleonora von Portugal, Gemahlin von Kaiser Friedrich III. (s. S 180)

Arabesken: *von lat. arabesco, „arabisch"; Flächenmuster mit stilisierten Blattranken*
capella regia: *königliche Kapelle*
einbrochieren: *im Gegensatz zum durchgehenden Schuß wird Faden nur innerhalb einer Figur eingewebt*
Epitaph: *Grabinschrift, Gedächtnistafel, die innen oder außen an der Kirchwand aufgehängt wurde*
Festons: *von ital. festone, „festlicher Schmuck", meistens in einem Bogen hängendes Gewinde aus Laub, Blumen und Früchten; Girlanden*
Genius: *im alten Rom Schutzgeist eines Mannes bzw. einer Familie. In der Kunst häufig als geflügelte Gestalt dargestellt. Allgemein: höchste schöpferische Begabung, Kraft*
Insignien: *Kennzeichen staatlicher Macht wie Krone, Reichsapfel, etc.*
Kartusche: *von fr. cartouche, „Zierrahmen" aus ineinander verschlungenen Ornamenten*
Koadjutor: *Amtsgehilfe eines katholischen Geistlichen, hier eines Bischofs*
Kolumbarien: *lat. columbarium, „Taubenschlag"; römische und frühchristliche Grabkammer mit Nischen für die Aschenurnen*
kontemplativ: *in Betrachtung versunken*
Lapidarium: *Sammlung von Steinskulpturen*
Laterne *(Kirche): Aufbau mit Lichtöffnung auf einer Kuppel*
Orden vom Goldenen Vlies (Toisonorden): *Höchster Verdienstorden des Hauses Habsburg*
Palatin: *Stellvertreter des Königs (Ungarn)*
Palmetten: *fr. „kleine Palme"; fächerförmiges Ornament, das an eine Palmenkrone erinnert*
Pastorale: *hier Hirtenstab des katholischen Bischofs*
per procuratorem *(Prokuratsehe): symbolische Eheschließung in Anwesenheit eines Stellvertreters*
Pilasterordnung: *flacher, rechteckiger Mauer- und Wandpfeiler mit Basis und Kapitell*
Postament: *Sockel*
Prätendent: *Anwärter*
Pleureurgrab: *Hochgrab mit Trauerfiguren*
Rocaillen: *von fr. roc, „Felsen"; das unsymmetrische, einer Muschelschale ähnliche Ornament des Rokoko*
Runddienst: *Rundpfeiler, der die Rippen eines Gewölbes trägt*
Skapulier: *Überwurf über Brust und Rücken bei der Nonnentracht*
Tambour (Kirche): *Teil eines Kuppelgebäudes, der den Übergang vom Unterbau zur eigentlichen Kuppel bildet*
Thronprätendent: *Thronanwärter*
Tumba: *von lat. Grabhügel, hier: Hochgrab*
Vanitas-Symbol: *Vergänglichkeitssymbol*
Welsche Haube: *kuppelartiges Turmdach*

Abkürzungen:

d.Ä.	der Ältere
bzw.	beziehungsweise
dt.	deutsch
ehem.	ehemalig
etc.	und so weiter
Ezh.	Erzherzog
franz.	französisch
Ghz.	Großherzog
hl.	heilig
Hz.	Herzog
ital.	italienisch
Jh., Jhdt.	Jahrhundert
K., Kap.	Kapuziner
Kf.	Kurfürst
Kg.	König
k.k.	königlich-kaiserlich
lat.	lateinisch
öst.	österreichisch
röm.-dt.	römisch-deutsch
s.	siehe
s.S.	siehe Seite
St., Ste.	Sainte
u.a.	unter anderem
vgl.	vergleiche
z.B.	zum Beispiel

Literaturverzeichnis – weiterführende Literatur:

• *Andics, Helmut: Die Frauen der Habsburger, Wien 1985*
• *Beiträge zur Wiener Diözesangeschichte , Mai 1969, Jänner 1971, Mai 1973*
• *Frank, Isnad: Die Dominikanerkirche in Wien*
• *Gasser, Ulrich: Der Deutsche Orden einst und jetzt. 1986*
• *Ginhart, Karl: Die Kaisergruft bei den PP Kapuzinern in Wien. Wien 1925*
• *Guglia, Eugen: Die Geburts- und Sterbestätten der Röm.-Deutschen Kaiser und Könige, Wien 1914*
• *Hamann, Brigitte, ed.: Die Habsburger. Ein biographisches Lexikon. Wien 1988*
Elisabeth. Kaiserin wider Willen. Wien 1982
Ein Herz und viele Kronen. Das Leben der Kaiserin Maria Theresia. Wien 1985
Kronprinz Rudolf. Der Weg nach Mayerling. Wien 1980
• *Herrgott, Marquard: Topographia principum Austriae. St. Blasien 1772*
• *Hrabalik, Johanna: St. Augustin. Klosterkirche, Hofkirche, Pfarrkirche. Wien 1983*
• *Hawlik-van-de-Water, Magdalena: Die Kapuzinergruft. Begräbnisstätte der Habsburger in Wien. Wien 1987*
Der schöne Tod. Zeremonialstrukturen des Wiener Hofes bei Tod und Begräbnis zw. 1640 und 1740. Wien 1989
• *Die Kapuzinergruft, Schriften 1956-1992*
• *Katalog „Maria Theresia und ihre Zeit." Wien 1980*
• *Katalog „Österreich unter Kaiser Franz Joseph", Band I. und II, Wien 1979/80*
• *Katalog „Triumph des Todes", hg. Dr. Gerda Mraz, Museum Österreichischer Kultur, Eisenstadt 1992*
• *Kunsthistorisches Museum Wien: Weltliche und Geistliche Schatzkammer, Wien 1987*
• *Kusin, Eberhard: Die Kaisergruft. Wien 1973*
• *Leitner, Thea: Habsburgs verkaufte Töchter. Wien 1987*
• *Loidl, Franz: Das Augustiner Kloster bei der Wiener Hofburg, Wien 1948*
• *Die Lutherische Stadtkirche. Hg. Evangelische Pfarrgemeinde A.B., Wien 1985*
• *Neumann, W.: Die Fürstengruft von St. Stephan. In: Wiener Dombauvereins-Blatt, 2o. Jg., Nr. 5, Wien 1901*
• *Pesendorfer, Franz: Eiserne Krone und Doppeladler, Lombardo-Venetien 1814-1866. Wien 1992*
• *Roubal, Urban: Die Kaisergruft bei den Kapuzinern. Wien 194o*
• *Stifter, Adalbert: Die Katakomben von St. Stephan (1841). In: Aus dem alten Wien, Wien 1914*
• *Vacha, Brigitte, ed.: Die Habsburger. Eine europäische Familiengeschichte. Wien 1992.*
• *Wandruszka, Adam: Das Haus Habsburg. Die Geschichte einer Europäischen Dynastie. Wien 1982*
• *Weissensteiner, Friedrich: Johann Orth. Ein Aussteiger aus dem Kaiserhaus. Wien 1985*
• *Weissensteiner, Friedrich: Reformer, Republikaner und Rebellen. Das andere Haus Habsburg-Lothringen, Wien 1987*
• *Wolfsgruber, Cölestin: Die Kaisergruft bei den Kapuzinern in Wien. Wien 1887*
Geschichte der Loretokapelle bei St. Augustin in Wien. Wien 1886
Die Hofkirche zu St. Augustin in Wien, Augsburg 1888
• *Zykan, Marlene: Die Katakomben von St. Stephan. In: Der Dom. Mitteilungsblatt des Wiener Domerhaltungsvereines*
• *Kaiser Friedrich III. und der Wiener Stephansdom. In: Der Dom, Mitteilungsblatt des Wiener Domerhaltungsvereines 1/1993.*

Das Register erhebt keinen Anspruch auf Vollständigkeit. Anhand von Fragen von Wienbesuchern wurde das Wichtigste berücksichtigt.

Rudolf II.
1552-1612

Ernst
1553-1595

Matthias K(2)
1557-1619
Anna von Tirol
K(1) 1585-1618
(Gründer der
Kaisergruft)

Maximilian
1558-1618

Albrecht
1559-162

Stammtafel der Häuser Habsburg und Habsburg-Lothringen in ihren wichtigsten Verzweigungen ab Gründung der Kaisergruft.

Ferdinand IV. K(29) 1633-

Josef I. K(35) 1678-1711
Amalie Wilhelmine von Braunschwe
K(34) 1673-1742

Josef II. K(42) 1741-1790
Maria Isabella von Parma K(50) 1741-1763
Maria Josefa von Bayern K(49) 1739-1767

Maria Amalia 1746-18
Ferdinand von Parma

Maria Christina K(112) 1742-1798
Albert von Sachsen-Teschen K(111) 1738-1822

Leopold II. K(113)
1747-1792
Marie Louise von
Bourbon-Spanien K(114

Franz II. (I.) K(57) 1768-1835
Maria Theresia Karoline von Neapel K(60)
(3 weitere Ehen kinderlos)

Karl K(122) 1771-1847
Henriette von Nassau-
Weilburg K(123) 1797-182

Ferdinand von Toskana
1769-1824
Louise Marie von Neapel

Linie Toskana

Josef 1776-1847
Palatin von Ung

Ungarische Linie

Maria Louise K(127) 1791-1847
Napoleon I.

Leopoldine 1797-1826
Pedro I., Kaiser von Brasilien

Ferdinand I. K(62) 1793-1875

Franz Karl K(135) 1802-1878
Sophie von Bayern K(137)

Franz Josef Karl 1811-1832
Herzog von Reichstadt

Franz Josef I.
K(142) 1830-1916
Elisabeth von Bayern
K(137) 1837-1898

Karl Ludwig K(138) 1833-1896
Maria Annuntiata von Neapel K(1
Maria Theresia von Braganza

Maximilian K(126) 1832-1867
Charlotte von Belgien

Rudolf K(144) 1858-1889
Stefanie von Belgien

Franz Ferdinand 1863-1914
Sofie von Hohenberg

Elisabeth 1883-1963

Herzöge von Hohenberg

Ferdinand Karl von Tirol 1628-1662
Anna von Medici

Ferdinand III. K(27) 1608-1657
Maria-Anna von Spanien K(22)

Leopold Wilhelm
K(115) 1614-1662

Leopold I. K(37) 1640-1705
Eleonora Magdalena von Pfalz-Neuburg K(32) 1655-1720

Karl VI. K(40) 1685-1740
Elisabeth-Christine von Braunschweig-Wolfenbüttel K(36)

Maria Theresia K(55) 1717-1780
Franz I. Stefan von Lothringen K(56) 1708-1765

Maria Karoline K(107) 1752-1814
Ferdinand von Neapel

Maria Antoinette 1755-1793
Ludwig XVI. von Frankreich

Ferdinand K(105) 1754-1806
Maria Beatrix d'Este K(106)

Maximilian Franz K(118)
1756-1801

Linie d'Este

Anton K(103) 1779-1835
Hoch- und Deutschmeister

Rainer 1783-1853
Maria-Elisabeth
von Savoyen

Rudolf K(119) 1788-1831
Erzbischof von Olmütz

Johann 1782-1859
1848/49 Reichsverweser
Anna Plochl

Ludwig Josef K(104)
1784-1864

Grafen von Meran

Rainer K(110) 1827-1913

Albrecht K(128) 1817-1895
Feldmarschall

Friedrich 1821-1847
Admiral

Karl Ferdinand K(121)
1818-1874

Wilhelm K(120) 1827-1894
Hoch- und Deutschmeister

Friedrich 1856-1936
Feldmarschall

Eugen 1863-1954
Hoch- und Deutschmeister
Feldmarschall

Ludwig Victor
1842-1919

Karl Stefan 1860-1933

Teschener Linie

Otto K(140) 1865-1906
Maria Josefa von Sachsen K(141)

Ferdinand Karl
1868-1915

Karl I. K(145) 1887-1922
Zita von Parma K(147) 1892-1989

Max 1895-1952
Franziska von Hohenlohe

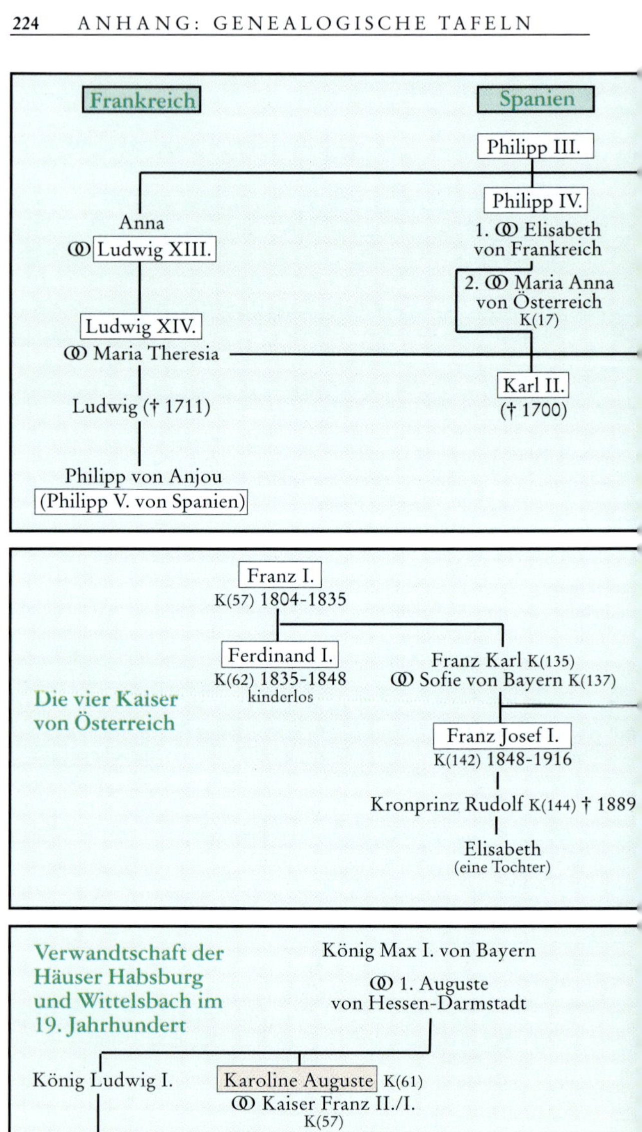
Frankreich
Spanien
Philipp III.
Philipp IV.
1. ⚭ Elisabeth von Frankreich
2. ⚭ Maria Anna von Österreich K(17)
Anna
⚭ Ludwig XIII.
Ludwig XIV.
⚭ Maria Theresia
Karl II.
(† 1700)
Ludwig († 1711)
Philipp von Anjou
(Philipp V. von Spanien)
Die vier Kaiser von Österreich
Franz I.
K(57) 1804-1835
Ferdinand I.
K(62) 1835-1848
kinderlos
Franz Karl K(135)
⚭ Sofie von Bayern K(137)
Franz Josef I.
K(142) 1848-1916
Kronprinz Rudolf K(144) † 1889
Elisabeth
(eine Tochter)

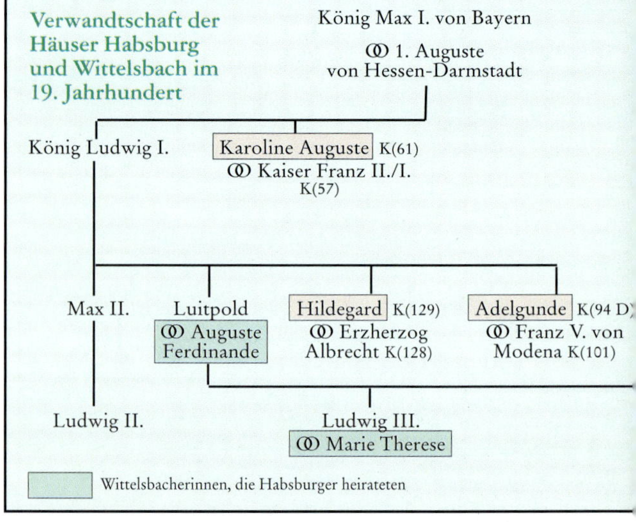
Verwandtschaft der Häuser Habsburg und Wittelsbach im 19. Jahrhundert
König Max I. von Bayern
⚭ 1. Auguste von Hessen-Darmstadt
König Ludwig I.
Karoline Auguste K(61)
⚭ Kaiser Franz II./I. K(57)
Max II.
Luitpold
⚭ Auguste Ferdinande
Hildegard K(129)
⚭ Erzherzog Albrecht K(128)
Adelgunde K(94 D)
⚭ Franz V. von Modena K(101)
Ludwig II.
Ludwig III.
⚭ Marie Therese
Wittelsbacherinnen, die Habsburger heirateten

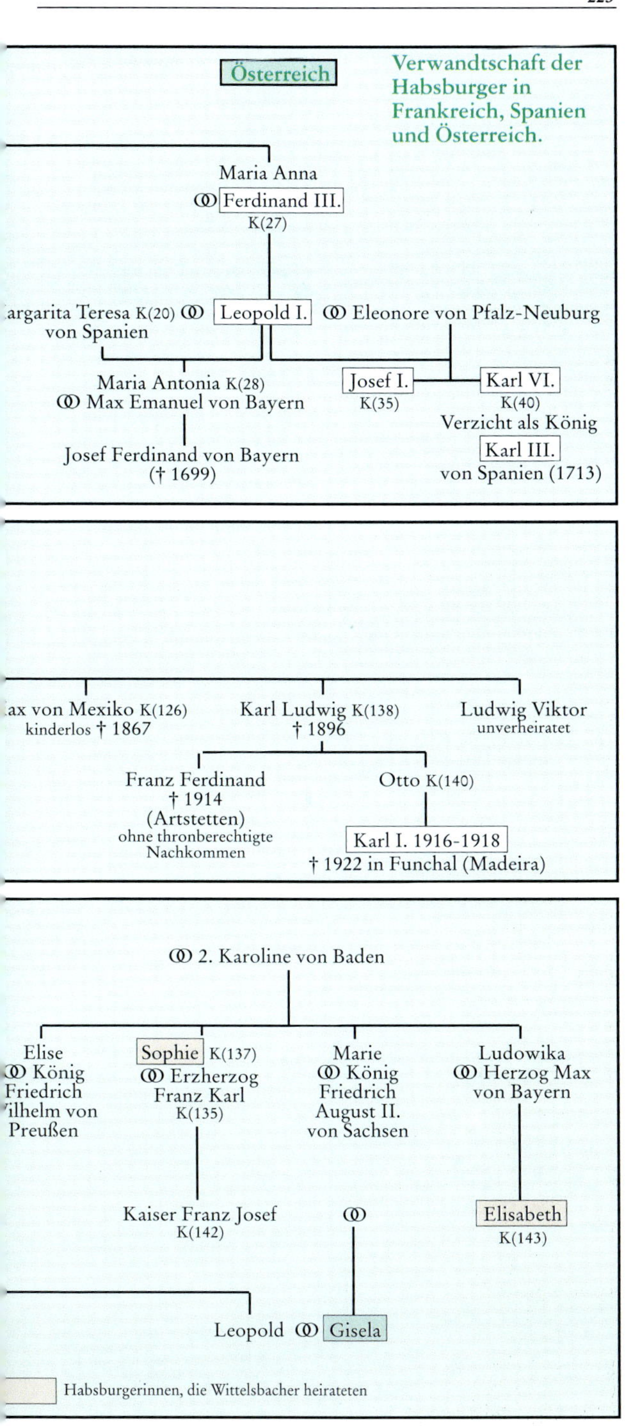
Österreich
Verwandtschaft der Habsburger in Frankreich, Spanien und Österreich.
Maria Anna
ꝏ Ferdinand III.
K(27)
argarita Teresa K(20) ꝏ
von Spanien
Leopold I.
ꝏ Eleonore von Pfalz-Neuburg
Maria Antonia K(28)
ꝏ Max Emanuel von Bayern
Josef I.
K(35)
Karl VI.
K(40)
Verzicht als König
Karl III.
von Spanien (1713)
Josef Ferdinand von Bayern
(† 1699)
ax von Mexiko K(126)
kinderlos † 1867
Karl Ludwig K(138)
† 1896
Ludwig Viktor
unverheiratet
Franz Ferdinand
† 1914
(Artstetten)
ohne thronberechtigte
Nachkommen
Otto K(140)
Karl I. 1916-1918
† 1922 in Funchal (Madeira)
ꝏ 2. Karoline von Baden
Elise
ꝏ König
Friedrich
ilhelm von
Preußen
Sophie K(137)
ꝏ Erzherzog
Franz Karl
K(135)
Marie
ꝏ König
Friedrich
August II.
von Sachsen
Ludowika
ꝏ Herzog Max
von Bayern
Kaiser Franz Josef
K(142)
ꝏ
Elisabeth
K(143)
Leopold ꝏ Gisela
Habsburgerinnen, die Wittelsbacher heirateten

Archiv des Kapuzinerklosters: 40

Nationalbibliothek:
Bildarchiv: 15, 16, 21, 32, 33, 43, 48, 49, 50, 59, 60, 62, 64, 68, 72, 73, 74, 76, 78, 79, 87, 88, 90, 91, 94, 96, 98, 101, 103, 106, 107, 108, 109, 110, 112, 113, 114, 119, 121, 122, 123, 127, 128, 130, 132, 134, 136, 137, 138, 141, 142, 144, 145, 147, 151, 156, 157, 158, 160, 164, 166, 170, 188, 191, 195, 199, 201, 202, 203, 207, 210, 211
Mikrofilm von M. Herrgott: Monumenta Aug. Domus Austriacae: 53, 64, 93, 175, 179, 189, 206, 208, 211

Dom- und Diozesanmuseum: 161, 169

Freytag – Berndt und Artaria: 10/11,

Haberl: 18, 19, 35, 36, 37, 39, 45, 47, 48, 49, 50, 52, 54, 55, 56, 57, 58, 61, 62, 63, 65, 66, 68, 69, 70, 71, 73, 76, 77, 81, 82, 84, 85, 88, 92, 95, 98, 102, 105, 107, 116, 118, 124, 126, 127, 129, 131, 133, 135, 136, 139, 146, 148, 155, 158, 165, 167, 168, 172, 174, 175, 178, 180, 182, 183, 184, 190, 192, 194, 196, 197, 198, 199, 200, 201, 204, 209

Historisches Museum der Stadt Wien: 159

Kunsthistorisches Museum, Wien: 120, 152

Rubik: 23 (Gesamtplan der Kaisergruft), 162, 167, 187, 220/221, 222/223

Timmermann: 8, 13, 86, 94, 95, 140, 150, 154, 156, 205, 207